샬롬
재정학

샬롬재정학

펀드매니저에서 목회자로 이끈 돈을 말하다

초판 1쇄 인쇄 2025년 12월 22일
초판 1쇄 발행 2026년 1월 5일

지은이	구영민
발행인	강영란
사업총괄	이진호

편집위원	김건우
편집	박관용 권지연
디자인	트리니티
제작	아이캔
물류	신영북스

발행처	샘솟는기쁨
주소	서울시 중구 수표로2길 9 예림빌딩 402 (04554)
대표전화	02-517-2045
팩스	02-517-5125
홈페이지	https://blog.naver.com/feelwithcom
전자우편	atfeel@hanmail.net

ISBN	979-11-92794-76-1 (03200)

구영민 지음

샬롬

Shalom Finance

펀드매니저에서
목회자로 이끈

'돈'을 말하다

재정학

샘솟는
기쁨

특별관리자 세대를 향한
영적 지침서

이 책의 저자는 서울신학대학교 신학대학원을 졸업한 인재로, 시대를 깊이 이해하는 발군의 실력자입니다. 더 나아가 흔히 당연하게 여기는 돈의 위력을 근원에서 탐구하며, 돈과 친밀하지만 결코 이용당하지 않아야 한다는 가치 기준이 귀감이 됩니다.

이 책을 읽으며 많이 배우고 새롭게 깨닫는 것이 많았습니다. '돈맹'으로부터 벗어나야 비로소 돈으로부터 자신을 지킬 수 있다는 통찰, 한계효용체감 법칙을 통해 우리 마음을 좀먹는 가난의 실체를 밝히는 내용은 매우 흥미롭습니다. 또한 돈이 권력으로 작동하면서 교회 안에서 발생하는 여러 부작용을 분석하고 이를 극복하려는 저자의 노력은 시원한 사이다 같았습니다.

웨슬리의 설교에서 얻었던 실천적 깨달음을 이 책에서도 동일하게 경험할 수 있었습니다. 참으로 반듯한 지혜가 담겨 있습니다. 강력히 추천합니다.

황덕형 교수 | 서울신학대학교 총장

구영민 목사님의 귀한 저서『샬롬재정학』을 기쁜 마음으로 추천합니다. 이 책은 돈과 재물에 대한 성경적 가르침과 통찰로 충만합니다. 첫째, 돈의 강력한 매력과 사랑의 위험성을 날카롭게 파헤치며, "돈을 사랑함이 일만 악의 뿌리"라는 진리를 탁월하게 분석합니다. 둘째, 성경적 관점에서 돈을 지배하고 다스리는 지혜를 제시하며, 존 웨슬리의 재정 원칙과 정직·성실·모범의 원리를 잘 소개합니다. 셋째, 거룩한 소비와 청지기 정신, 공공선을 위한 재정 운용에 대한 실제적 지침을 제공합니다. 저자의 전문 지식은 물론 삶에서 체험한 생생한 신앙고백은 이 책을 더욱 빛나게 합니다. 이론에 머무르지 않고 삶의 현장에서 필요한 적용점을 풍부하게 담고 있습니다. 돈의 문제로 고민하는 모든 믿음의 사람들에게 일독을 권합니다.

정성욱 교수 | 덴버신학대학원 조직신학 교수, Korean Global Campus 학장

『샬롬재정학』은 돈을 어떻게 바라보고 다루어야 하는지에 대한 깊은 이해를 돕고, 바른길을 안내합니다. 돈의 주인이 하나님임을 바로 알고, 그분의 뜻대로 특별관리자로 임명받은 그리스도인은 성경적 돈의 가르침을 인지하며 돈에 대한 오류를 바로잡아 관리해야 한다고 강조합니다. 이 책은 재정의 기술이 아니라 '신앙의 시선'을 되찾도록 돕는 안내서이자, 오늘을 사는 그리스도인이 반드시 읽어야 할 영적 지침서입니다.

첫째, 성경적 토대 위에 세워진 '하나님 나라 경제학'을 새롭게 정의하며, 재정이 신앙의 핵심 영역임을 성경적으로 재조명합니다. 둘째, 한국 사회와 교회의 돈 문제를 다루며, 소비와 중독, 가계 부채, 교회 재정 운영의 불신, 나아가 지역 공동체와 도시의 회복이라는 사회적 주제까지 폭넓게 진단합니다. 셋째, 그리스도인의 재정 사용의 실천적 매뉴얼을 제공합니다. 재정을 다루는 비율, 점검 질문, 진단표, 훈련을 구체적으로 제시하며 소그룹 제자 훈련, 재정 세미나, 재정 훈련에 교재로 사용할 수 있습니다. 그러므로 개인과 가정 그리고 교회 공동체에 이 책을 적극 추천합니다.

한기채 목사 | 중앙성결교회 담임

『샬롬재정학』은 오늘날 "물질 앞에서 어떻게 하나님을 신뢰하며 살아갈 것인가"에 대해 깊이 있는 관점을 제시합니다. 저자는 금융 현장의 경험과 목회적 통찰을 바탕으로, 현대인이 겪는 불안과 비교, 물질을 둘러싼 혼란을 풀어내며, 하나님께서 맡기신 자리를 어떻게 이해하고 살아갈 것인가에 초점을 맞춥니다. 행동경제학과 신앙경제학을 연결하여 우리의 마음이 왜 물질에 흔들리는지 보여 주며, 청지기적 삶의 방향을 회복하도록 돕습니다. 무엇보다 물질을 다루는 방식이 곧 신앙을 드러낸다는 성경적 진리를 다시 일깨우며, 하나님을 신뢰함으로 누리게 되는 자유와 평안을 제시합니다. 개인과 가정, 일터와 교회 공동체에게 이 책을 추천합니다.

이은상 목사 | 세미한교회 담임

한국 사회는 '빚으로 사는 시대'라 불릴 만큼 개인·가정·국가·교회 모두가 채무 구조 속에 살아갑니다. 집값과 학자금, 카드 값과 전세 대출이 인생을 좌우하며, 청년들은 꿈을 포기하는 현실에 놓여 있습니다. 교회 재정은 불안과 갈등의 원인이 되고 있습니다. 이 책은 그 지점에서 출발하여 돈을 신학적으로 해석하고, 하나님이 주권자이시고 우리는 그분의 재정을 위임받은 특별관리자임을 강조합니다. 또한 빚을 금융 자본주의, 국가 정책, 주거·교육 시스템이 만든 구조적 죄로 분석하고, '헌금-생활-준비-나눔-투자'라는 재정 질서를 제안합니다. PART 5의 일곱 단계는 생각이 아닌 시스템으로 변화를 돕는 설계도입니다. 한국교회에 '특별관리자' 세대가 일어나 하나님 나라 복음을 증언하는 강력한 도구가 되기를 소망합니다.

조종환 목사 | 오류동교회 담임, 서울신학대학교 특임교수

이 책의 중심 개념인 '특별관리자'는 하나님을 재정의 참된 소유주로 고백하며, 그분의 성품인 사랑과 자비를 기준으로 돈을 다루는 성경적 청지기를 의미합니다. 따라서 이 책은 '돈을 많이 버는 법'이 아니라 하나님 나라를 위해 정직과 정의로 재정을 다스리는 삶을 추구해야 함을 제시합니다. 또한 존 웨슬리의 지침,

곧 '부지런히 벌고, 절제하며 저축하고, 기꺼이 나누라'를 오늘의 한국 사회와 교회 현실 속에서 어떻게 구현할 수 있는지 다양한 사례를 통해 설명합니다. 결국『샬롬재정학』은 신앙적 정체성을 회복하고 현대 경제 환경 속에서 하나님 나라의 가치를 실천하려는 이들에게 유익한 통찰을 제공합니다. 독자들에게 새로운 시각을 열어 주는 이 책을 적극 추천합니다.

라순덕 목사 | 성민교회 담임

돈은 왜 우리를 흔드는가?
인간의 마음과 하나님의 질서

오랫동안 '돈이 세상을 움직인다'는 믿음으로 살았다. 주식시장의 숫자는 하루에도 수없이 요동쳤고, 그 흐름을 읽어 내는 것이 나의 일이었다. 하루의 시작을 세계 시장의 개장 뉴스로 열었고, 하루의 끝을 손익계산서의 숫자로 마무리했다.

그 숫자 하나하나가 사람의 삶을 바꾸고, 웃음과 눈물을 만들어 내는 현장을 나는 매일 목격했다. 그래서 확신했다. "돈을 알면 인생을 바꿀 수 있다." 하지만 아이러니하게도 돈을 다룰수록 사람들의 마음은 더 불안해졌다. 자유롭지 않았다. 오히려 돈에 묶여 있었다.

금융시장은 언제나 '불안'과 '욕망'이라는 두 감정으로 움직였고, 사람들은 수익률의 등락에 따라 하루의 감정을 결정했다. 포

트폴리오의 곡선은 자존심과 직결되었고, 수익이 나면 자신을 과신했으며, 손실이 나면 세상을 원망했다.

처음엔 단순히 시장의 불안한 흐름이라 생각했다. 하지만 시간이 흐르면서 깨달았다. 시장은 수요와 공급의 법칙만으로 움직이지 않는다. 경제학이 말하는 균형은 현실 속에서 늘 불완전했고, 인간의 감정은 그 균형을 끊임없이 흔들었다. 불안이 커지면 기대효용은 급격히 낮아지고, 욕망이 커지면 합리적 판단은 쉽게 무너졌다. 리스크는 숫자의 문제가 아니라 마음의 불안이 만들어 내는 그림자였다. 차트와 그래프, 금리와 환율의 움직임 뒤에는 언제나 인간의 기대, 불안, 욕망이 숨어 있었다.

시장은 이성의 공간처럼 보이지만, 실제로는 사람의 마음이 만들어 낸 집단 심리의 무대였다. 나는 그 한가운데서 매일 인간의 마음을 보았다. 이익을 얻으면 안심하고, 손실을 보면 두려워하며, 더 높은 수익을 좇다가 스스로 무너지는 사람들. 돈은 단순한 교환 수단이 아니었다. 그것은 욕망과 두려움이 숫자로 드러난 인간의 마음이었다.

성공한 CEO도, 재력가 투자자도, 은퇴한 부자도 결국 한 가지 질문으로 모아졌다. "진정 돈으로 행복한가?" 이 질문은 내게도 찾아왔다. 펀드매니저로서 높은 투자 성과는 분명 많은 돈을 가지게 했으나, 많아지면 많아질수록 마음 깊은 곳에는 설명할 수 없는 공허가 생겨났다. 돈을 벌수록 마음은 비워졌고, 수익이 늘수록 삶의 의미는 줄어들었다. 나는 돈의 흐름과 구조는 이해했지만, 돈이 인간의 마음을 어떻게 흔드는지는 몰랐다. 수익과 손실의 숫자는 읽었지만, 돈이 불안과 허무를 만드는 영적 구조는 보지 못했다. 그것이 바로 '돈맹'이었다.

세상은 돈을 버는 기술은 가르치지만 돈이 무엇인지, 돈이 마음에 어떤 영향을 미치는지는 가르치지 않는다. 사람들은 평생 돈을 좇으며 살아가지만, 돈은 인간을 자유롭게 하기보다 끊임없이 불안하게 만든다. 신앙인으로서 나는 그 모순 앞에서 흔들렸다.

"하나님, 왜 돈은 사람을 이렇게 흔드는 것입니까?"

문제는 돈이 아니라, 돈을 다루는 인간의 무질서와 마음의 방향이 무너졌다는 것이다. 돈으로 인한 불안은 단순히 경제의 문제가 아니라 신뢰의 문제였다. 무엇보다 하나님을 신뢰하지 못하니 사람들은 돈에 마음을 의지했다.

그날 이후 성경을 다시 해석하게 됐다. "너희가 하나님과 재물을 겸하여 섬기지 못하느니라"(마 6:24)라는 예수님의 말씀도, 달란트 비유도, 부자 청년의 이야기도, 성경에 나오는 재물의 이야기가 도덕적 교훈이 아니라 하늘의 재정 원리로 다가왔다. 돈은 목적이 아니라 사명이었다. 하나님은 돈을 인간의 만족을 위해 주신 것이 아니라 그분의 뜻을 이루는 도구로 맡기신 것이었다.

그 깨달음은 내 인생의 방향을 바꾸었다. 돈을 분석하는 나의 직업은 그 이상의 사명이 있음을 보여 주셨다. 그것은 사명자로 부르심(Calling)이었다.

이전에는 숫자로만 보이던 시장이 이제는 사람의 마음으로 보였다. 그곳에는 돈으로 사랑받으려는 사람들, 돈으로 자신을 증명하려는 사람들, 그리고 돈이 전부라고 믿는 사람들이 있었다. 그들 속에서 하나님은 말씀하셨다. "하나님과 돈의 관계, 돈의 질서를 전해라." 그때부터 나의 사역은 하나님이 주신 돈을 알고 잘 사용할 때 느끼는 '돈의 자유'를 회복시키는 여정이 되었다.

강단에서, 상담실에서, 교회와 가정에서 많은 사람을 만났다. 그들은 돈이 부족해서가 아니라, 돈의 주인을 잊어서 고통받고 있었다. 그래서 나는 말한다.

"돈의 주인은 하나님이십니다."

"돈을 잘 버는 것보다 돈을 잘 다스리는 것이 중요합니다."

이 책은 돈을 버는 법을 가르치려는 책이 아니다. 돈을 하나님의 관점에서 다시 해석하려는 시도다. 세상은 더 많이 가지라고 말하지만, 하나님은 맡겨진 것을 충성되이 관리하라고 말씀하신다. 세상은 '성공'을 위해 경쟁하라 하지만, 하나님은 '섬김'을 통해 부요함을 허락하신다.

나는 펀드매니저로서 세상의 돈을 다뤘고, 목회자로서 하나님의 마음을 배웠다. 경제는 인간의 마음을 드러내고, 신앙은 그 마음의 방향을 결정한다. 돈을 다루는 일은 곧 마음을 다루는 일이며 하나님을 신뢰하는 법을 배우는 일이었다. 그때 비로소 돈의 자유를 누린다. 돈을 거룩하게 사용하는 법을 알게 된다.

이 책은 돈에서 마음으로, 마음에서 자유로 가는 이야기다. 돈에 흔들리고 있는 당신에게 진정한 돈의 자유를 보여 주기 위한 여정이다. 함께 동행하여 당신의 마음에도 그 자유가 시작되기를 바란다.

오랫동안 이 책을 준비하면서 목회도 사역도 재정 흐름도 내외적으로 다양하게 변화되었다. 이 변화에 적응하며 새로움으로 받아들이며 집필하고 출간하게 되어 감사하다. 언제나 항상 동역해 주는 사랑하는 아내 김진선 사모, 그리고 너무 멋진 세 아들 시완, 준완, 은완이와 이 기쁨을 함께하고 싶다.

2025년 11월
저자 구영민

PART 1

흔들림에서 인식으로

돈으로 샬롬을 말하다

1

돈의 미래,
나는 어디에 있는가

Shalom Finance

돈이 단순한 교환 수단을 넘어 인간의 권력과 존재 가치를 규정하는 척도가 되어 버린 시대를 살아가고 있다. '돈으로 안 되는 것은 없다'는 태도는 더 이상 낯설지 않다. 한편 돈을 단순한 권력이나 과시의 수단이 아닌, 자기 표현과 경험의 도구로 인식하기도 한다. 명품보다 나를 드러내는 디자인, 소유보다 공유와 순환을 중시하는 소비가 확산되고 있다. 중고 거래와 리세일 시장은 윤리적 소비의 상징이 되었고, '작은 사치'는 일상의 만족을 위한 정서적 투자로 자리를 잡았다.

그럼에도 불구하고 사회 전반에는, 돈이 권위와 특권을 상징하는 풍토가 여전히 절대 권력이라는 듯 존재하고 있다. 언론은 불법과 부정을 서슴지 않는 부자들의 이야기를 쏟아 내고, SNS

는 화려한 소비와 권력 과시의 장면으로 가득하다. 정의와 진리보다 욕망과 탐욕이 기준이 되는 현실은 여전히 우리를 둘러싸고 있다. 이렇듯 돈만 있으면 된다는 왜곡된 가치관이 정의와 진리보다 욕망과 탐욕을 기준 삼는 현실, 개인의 도덕적 일탈로만 치부할 수 없는 현실이다. 사회와 문화, 그리고 종교마저 그 영향 아래 흔들리기도 한다.

이러한 흐름에 저항하는 세대, 세대 차이가 커지고 있다. 특히 MZ세대 이후 돈의 윤리적 사용과 가치 중심의 삶을 모색하고 있으며, 돈의 무게가 진실을 짓누르던 시대에서, 돈의 방향이 삶의 의미를 결정하는 시대를 향해 나아가고 있다.

우리는 지금, 그 변화의 한가운데에 있다.

● 불안과 욕망이 공존한다

펀드매니저로 재직하던 시절, 수많은 투자자와 기업인, 정치인, 그리고 다양한 사업가들을 만나 그들의 자산을 운용하였다. 그 과정에서 한 가지 공통된 결론에 이르게 되었다. 그것은 바로 인간은 돈 앞에서 놀라울 만큼 쉽게 약해지며, 그 결핍을 다시 돈으로 채우려 한다는 사실이었다.

재산의 많고 적음은 본질적인 차이를 만들지 못했다. 부유한 사람이나 가난한 사람 모두 투자 수익의 등락에 따라 마음이 흔들렸다. 수익이 나면 잠시 기쁨이었지만, 손실이 발생하면 두려움이 그 자리를 대신했다. 사람들은 돈 앞에서 마치 바람 앞의 촛불처럼 불안정했고, 의사 결정도 평소의 이성과 신중함을 잃고 불안과 욕망에 지배되었다.

교회 다니는 사람들은 어땠을까? 예수님을 알지 못하는 세상 사람들과는 뭐가 달랐을까? 안타깝게도 그런 경우를 별로 보지 못했다. 재정 사역을 하며 '성경적 재정 원칙'에 관한 강의와 세미나를 진행할 때마다 가장 빈번하게 받는 질문은 두 가지였다.

"어떻게 하면 돈을 더 많이 벌 수 있습니까?"

"어떤 주식이나 펀드에 투자해야 높은 수익을 얻을 수 있나요?"

예수를 믿고 말씀을 배우는 사람들조차 돈 앞에서는 자유롭지 못했다. 오히려 일반 투자 설명회에서 만났던 사람들보다, 교회 안에서 성경적 재정 강의를 들으며 상담하는 성도들의 얼굴에서 더 깊은 불안과 욕망을 읽을 때가 있었다.

그들은 입으로는 "하나님을 신뢰합니다"라고 고백하지만, 마음 깊은 곳에서는 여전히 돈으로 요동치는 파도에 흔들리고 있었다. 신앙의 언어로 고백은 하지만 내면에서는 재정적 불안과 결핍의 두려움이 끊임없이 요동치고 있었다.

사람들의 표정에는 복잡한 감정이 교차하고 있었다. 지금으로는 부족하다는 불안과 조금만 더 가지고 싶다는 욕망의 공존, 그것을 콘텐츠로 만들며 서로의 취약함을 공유한다. '돈이 전부는 아니다'라는 말보다 '돈이 없으면 불안하다'는 고백이 더 솔직한 시대다. 그들은 돈을 통해 자신을 증명하려는 욕망과 그 욕망이 불러오는 피로 사이에서 균형을 찾으려 한다.

단순히 소비를 즐기는 세대가 아니다. 돈을 통해 자기 정체성을 구축하고, 사회적 연결을 확장하며, 미래의 불확실성을 관리하려는 전략적 존재다. 하지만 그 전략 속에서도 여전히 불안은 존재한다. 재정적 자립을 추구하면서도 '이대로 괜찮을까'라는 질문은 끊임없이 따라붙는다.

인간은 누구나 돈 앞에서 쉽게 평정심을 잃는다. 더 많이 소유하고자 하는 욕망, 이미 가진 것에 대한 불안, 그리고 다가올 미래에 대한 염려가 복잡하게 얽혀 인간의 마음을 끊임없이 흔들고 있다.

재물이 많은 사람은 그 소유를 지키려는 두려움에, 재물이 적은 사람은 더 얻고자 하는 갈망에 사로잡혀 결국 돈에 자신의 삶을 걸고 살아간다. 그렇게 사람은 쫓기듯 하루를 보내며 쉼 없이 목표를 세우지만, 그 목표조차 새로운 불안의 원인이 된다. 설정한 목표를 넘어선다 해도 만족은 잠시일 뿐, 더 큰 결핍감이 다시 밀려온다.

결국 우리는 돈을 쫓고 돈에 쫓기다 방향을 잃은 채, 세상의 혼란스러운 가치 속에서 허우적거리며 살아가고 있다. 그 흐름을 인식하고, 돈을 삶의 도구로 삼아 균형을 추구하는 세대는, 그리고 세상은 등장할 수 있을 것인가? 그 변화의 중심에서 불안과 욕망을 직시해야 한다.

● 시대를 초월한 혼돈의 본질

돈이면 다 된다는 풍조가 비단 오늘날에만 있었던 현상은 아니다. 이전 시대에도, 그보다 앞선 세대에도 이런 풍조는 있었다. 심지어 2천 년 전 예수님이 살던 시대에도 돈으로 인한 혼돈과 부패가 있었다.

예수님을 따르던 열두 제자 중 가룟 유다는 겨우 '은 삼십'에 스승을 바리새인들에게 팔아넘겼다(마 26:15). 인류 역사상 가장 비극적인 배신 사건, 그 배후에 돈이 있었다. 그는 주님과 함께한 세월보다 손에 쥔 은전의 무게를 더 크게 여겼고, 결국 그 탐욕은 그의 영혼을 무너뜨렸다. 돈은 인간의 양심과 신앙을 무너뜨릴 수 있는 강력한 유혹의 도구였다.

초대 교회 공동체가 세워졌던 이후에도 돈의 유혹은 여전했다. 사도행전에는 아나니아와 삽비라가 땅을 팔아 일부만 헌금하면서도 마치 전부를 바친 것처럼 거짓말한 사건이 기록되어 있다(행 5:2). 문제는 액수가 아니라 하나님 앞에서 진실을 숨기고 사람 앞에서 인정받으려 했던 위선이었다. 결국 그들은 하나님의 심판을 피하지 못했다. 이 사건은 교회 공동체 안에서도 돈이 신앙의 진정성을 위협할 수 있음을 경고한다.

중세 교회 역시 돈의 유혹 앞에 무너졌다. 1517년 마틴 루터의 종교개혁을 촉발한 면죄부 사건은 죄 사함마저 돈으로 사고 파는 시대의 비극을 드러낸다. 교회는 면죄부를 팔아 재정을 확보했고 그 수익으로 성당을 짓고 성직자의 부를 축적했다. 은혜는 금전으로 환산되었고, 신앙의 본질은 왜곡되었다.

이러한 역사적 사례들은 돈으로 인한 타락과 부패가 오늘날만의 문제가 아님을 분명히 보여 준다. 돈은 시대를 초월해 인간의 욕망과 불안, 권력의 욕구를 자극하며 내면을 시험해 왔다. 가룟 유다의 배신은 신앙의 자리에서, 아나니아와 삽비라의 거짓은 공동체의 자리에서, 면죄부 사건은 제도와 권력의 자리에서 돈의 유혹이 얼마나 치명적인 결과를 낳는지를 증언한다.

오늘날 우리는 가치의 기준이 뒤바뀐 시대를 살아가고 있다. 진리보다 효율이, 관계보다 이익이 앞서는 세상이다. '얼마나 가졌는가'로 사람의 가치가 평가되고, '어떻게 살아야 하는가'보다 '얼마를 벌고 있는가'를 먼저 묻는다. 돈은 인생의 성패를 가르는 절대적 기준이 되어 버렸다. 그 앞에서 신앙은 흔들리고, 양심은 타협하며, 인간의 내면은 서서히 황폐해져 간다.

소득과 소비가 인생의 나침반이 된 오늘의 사회는 겉으로는 번영을 칭송하지만, 그 화려한 이면에는 깊은 혼란과 불안이 자리 잡고 있다. 그러나 이 혼돈의 근본 원인은 돈 자체의 부패성에 있지 않다. 돈은 본래 도덕적 성질이 없는 중립적 존재다. 문제는 돈을 다루는 인간의 마음이다. 돈은 선할 수도, 악할 수도 없다. 다만 그것을 쥔 마음이 욕망에 물들고 불안으로 흔들리면, 돈은 즉시 혼돈의 매개체가 된다.

오늘날 벌어지는 수많은 사건 사고, 경제적 혼란, 사회적 불평등, 관계의 파괴는 모두 이 내면의 왜곡에서 비롯된다. 돈은 인간의 마음을 비추는 정직한 거울이다. 그 거울 속에는 우리의 욕망, 불안, 결핍이 고스란히 드러난다. 따라서 돈의 가치를 바로 세우려면 먼저 그 돈을 비추는 마음을 바로 세워야 한다. 마음의 질서가 회복되지 않는 한, 그 어떤 제도적 개혁이나 경제적 조치도 근본적인 해결책이 될 수 없다.

진정한 싸움의 무대는 주식시장도, 부동산 시장도 아니다. 그

곳은 바로 인간의 내면, 우리의 마음이다. 욕망과 불안, 결핍 의식이 지배하는 한 돈은 언제나 혼돈의 통로로 작용할 것이다. 마음이 바로 설 때에야 돈은 우리의 주인이 아닌 충실한 종이 될 수 있다. 돈을 다스리는 질서가 회복될 때, 비로소 우리는 돈으로부터 자유로워지고 혼돈의 시대에도 참된 평안을 누릴 수 있다.

🟡 가치의 기준 화폐에서 자유로운가

돈은 더 이상 단순한 경제적 수단이 아니다. 우리의 소비, 노동, 관계, 선택의 거의 모든 순간에 돈이 개입되어 있다. 의식주를 해결하기 위해 일하고, 가족을 부양하기 위해 계획하며, 미래의 불안을 잠재우기 위해 저축하고 투자하는 모든 과정이 돈과 연결된다. 그래서 돈의 문제는 곧 삶의 문제로 이어진다.

우리는 돈을 벌기 위해 일하지만, 그 과정에서 종종 일의 의미와 존재의 목적을 잃는다. 그렇게 인간은 돈을 위해 일하고 돈을 얻기 위해 자신을 소모한다. 돈은 생존의 수단을 넘어 인간의 정체성을 규정하는 기준으로 자리매김한다.

이 흐름을 누구보다 빠르게 감지하고 있는 MZ세대는 돈을 단순히 소유의 수단이 아니라 자기 정체성을 구축하고 사회적 연결을 확장하는 도구로 사용한다. '나는 얼마나 가지고 있는가'라는 질문은 단순한 물질적 평가가 아니라 '나는 얼마나 안전한가', '나는 얼마나 자유로운가'라는 감정적 질문으로 이어진다.

돈이 있느냐 없느냐에 따라 인간의 존재는 기쁨과 두려움으로 나뉜다. 돈이 있으면 존재 자체에서 안정과 만족을 느끼고, 없으면 두려움과 불안이 엄습한다. 이 감정을 애써 숨기기보다 공유하고, 나누며 살아가야 하지 않을까? 돈은 위협이자 전략이며, 때로는 자기 효능감을 확인하는 수단이기도 하다.

하지만 돈 중심의 사고는 결국 인간의 삶을 왜곡하고 파괴할 수 있다. 돈을 잃은 사람은 자신을 잃었다고 느끼며 극단적인 선택으로 내몰리기도 한다. 실제로 2024년 통계에 따르면 자살 사망자 수는 14,439명이며, 이 중 약 3,782명이 경제생활 문제로 인해 생을 마감했다. 이는 전체 자살의 약 26.2%에 해당하며, 인구 10만 명당 자살률은 28.3명으로 OECD 평균(약 12.1명)의 두 배를 넘는다. 특히 20대와 30대의 자살률은 전년 대비 각각 24.7%, 13.4% 증가하며 청년층의 경제적 불안이 심각한 수준임을 보여준다.

이 통계가 말해 주는 것은 분명하다. 돈은 사람을 살리기도, 죽이기도 하는 존재가 되어 버렸다. 성경은 하나님이 생명의 주인이심을 선포하지만(삼상 2:6), 현실에서는 돈이 생명을 좌우하는 힘처럼 작용하고 있다.

돈은 인간 존재의 뿌리까지 흔드는 가장 심각한 사회 문제로 드러나고 있다. 돈의 문제는 단순한 생계의 문제가 아니라 존재의 문제다. 이는 경제적 영역을 넘어 인간이 어떤 존재인지, 무엇을 위해 살아가는지를 결정짓는 궁극적인 물음이다. 인간이 돈을 다스리지 못하면, 결국 돈이 인간 존재를 지배하게 된다.

● 내면을 향하는 세 가지 탈출

지금까지 돈에 대해 품어 온 잘못된 인식과 그로부터 파생된 문제들을 살펴보았다. 그렇다면 왜 인간의 마음은 이토록 돈 앞에서 흔들리고 무너지는가? 왜 인간은 오랫동안 돈의 굴레에서 벗어나지 못하고 그 무게에 짓눌려 살아왔는가?

이 질문은 단순히 경제 문제가 아니라 인간 존재의 내면에 깊이 연결되어 있다. 오늘날 돈의 영향력은 이미 사회 전반을 지배하고, 일상의 많은 것을 돈을 기준으로 생각하고 판단하고 있다. 심지어 관계와 신앙과 인생의 의미마저 돈의 척도로 계산하기도 한다.

이처럼 돈이 삶의 주인이 되어 버린 시대에 인간이 진정한 자유를 얻기 위해서는 반드시 돈으로부터의 탈출을 경험해야 한다. 여기서 말하는 자유란 돈을 포기하는 것이 아니라 돈에 예속되지 않는 내면의 주권을 회복하는 것이다. 그 자유는 세 가지 탈출을 통해 시작된다.

하나, '돈맹'으로부터의 탈출이다.

많은 사람들이 돈을 다루면서도 돈을 제대로 이해하지 못한다. 돈의 본질, 역사, 그리고 인간 심리에 미치는 영향에 대해 배우지 않으면 우리는 쉽게 돈의 지배를 받는다. 돈은 단순한 수단이 아니라 인간의 마음을 비추는 거울이다. 돈에 대한 무지를 깨닫고, 금융 리터러시(Financial literacy)를 통해 자신을 보호해야 한다. 배움은 자유의 첫걸음이다.

둘, '의존'으로부터의 탈출이다.

불안한 시대일수록 우리는 돈이 나를 지켜 줄 것이라 믿는다. 하지만 그 믿음이 강할수록 불안은 더 깊어진다. 돈은 인간을 안전하게 하지 못한다. 오히려 의존할수록 두려움은 커지고 욕망은 끝이 없다. 참된 자유는 돈이 아니라 하나님을 의지할 때 시작된다. 돈이 아닌 신뢰의 대상을 바꿀 때 인간은 마음의 평안을 회복한다.

셋, '자기 동일화(Self-identification)'로부터의 탈출이다.

현대의 많은 사람이 자신을 증명하는 수단으로 소유에 집착한다. 직업, 연봉, 재산이 곧 자기 존재의 증거가 되어 버린다. 점점 이 허상에 피로감을 느끼고 있다. 인간은 가진 것으로 증명되는 존재가 아니라, 존재 자체로 존귀한 하나님의 창조물이다. 소유와 나를 분리하는 순간, 우리는 진정한 해방을 경험한다.

이 세 가지 탈출은 단순한 이론이 아니다. 내가 투자 현장과 재정 사역의 자리에서 직접 보고, 듣고, 경험한 실존적 이야기들이다. 수많은 사람을 만나면서 알게 되었다. 문제는 돈이 아니라 돈을 향한 인간의 마음이었다. 재정의 실패는 결국 '존재의 불안'에서 비롯된다.

투자자든, 직장인이든, 목회자든 예외는 없었다. 누구나 돈 앞에서 흔들렸다. 돈이 줄어들면 두려워했고, 늘어나면 오히려 더 불안해했다. 통장 속 숫자가 인생의 성적표가 되어 버린 세상에서, 사람들은 끊임없이 비교하며 자신을 잃어 갔다. 어떤 이는 돈을 잃자 삶의 의미도 잃었고, 또 어떤 이는 돈을 얻자 마음의 평안을 잃었다. 도구에 불과한 돈이 어느새 인간을 지배하는 주인이 되어 있었다.

놀라운 변화는 언제나 '깨달음'에서 시작되었다. 돈을 알게 되자 무지의 굴레가 풀렸고, 돈에 대한 신뢰를 내려놓자 의존의 사슬이 끊어졌다. 그리고 돈이 나의 존재를 증명하지 않는다는 사실을 깨닫는 순간, 사람들은 비로소 자유를 경험했다. 그 자유는 단순히 경제적 여유가 아니라 마음의 여유였다. 더 이상 돈이 삶의 목적이 아니었고, 돈이 있어도 교만하지 않으며 없어도 절망하지 않았다.

무지에서 깨달음으로, 의존에서 신뢰로, 동일화에서 정체성으로 나아갈 때, 인간은 돈의 포로가 아니라 돈의 청지기로 서게 된다. 현장에서 본 수많은 변화의 이야기들은 모두 이 세 가지 탈출로부터 시작되었고, 그 탈출은 참된 자유를 만들어 냈다.

결국 우리가 회복해야 할 것은 돈을 다스릴 수 있는 지혜다. 경제적 이해, 심리적 통찰, 그리고 성경적 진리가 함께 연합될 때 우리는 진정한 자유의 문 앞에 서게 된다. 소유가 아니라 존재 그 자체로 누리는 자유. 그것이 하나님이 우리에게 주신 진짜 부요함이다.

2

돈맹의 현실,
돈에 대한 무지

현대인은 하루의 대부분을 돈과 함께 살아간다. 아침에 커피를 사는 순간부터 계좌 이체를 하고 카드로 결제하며 하루를 마무리하기까지 우리의 거의 모든 결정에는 돈이 얽혀 있다. 말하자면 인간의 삶 전체가 돈과 함께 움직인다고 해도 과언이 아니다. 그만큼 돈은 삶의 전 과정에 스며들어 인간의 사고와 행동, 나아가 관계와 가치관까지 지배하는 존재가 되었다.

독일 철학자 게오르그 짐멜(Georg Simmel)은 "돈은 인간이 세상과 맺는 관계를 수량화한 것이다"라고 하며 "인간과 세상을 연결하는 가치의 객관화된 형태"라고 정의했다. 그만큼 돈은 교환 수단을 넘어 인간 존재의 구조를 형성하는 매개체다.

그러나 아이러니하게도 우리는 돈에 대해 제대로 배운 적이 없다. 대부분의 사람들은 돈을 '버는 기술'로만 접근하며, 돈의 본질이나 심리적 영향에 대해 배울 기회가 거의 없다. 학교나 사회는 돈을 가치의 도구로 다루기보다 시험 점수나 투자 성과를 높이기 위한 수단으로 가르친다.

결국 돈에 대한 무지는 개인의 한계를 넘어 사회적 종속과 구조적 빈곤으로 이어진다. MZ세대가 디지털 금융 환경에 익숙하다는 이유만으로 금융 문맹에서 자유롭다고 볼 수는 없다. 오히려 빠른 속도와 편리함 속에서 본질을 놓치고 있는지도 모른다.

🟡 소유를 다루는 법을 알지 못했다

내가 만났던 투자자들 중에는 언론에서 주목받는 전문가, 성공한 기업의 CEO, 학문적으로 명성이 높은 학자, 심지어 정치·경제 분야의 고위 인사도 있었다. 그들은 돈의 기본 개념을 제대로 이해하고 있지 않았다. 간혹 돈의 원리나 심리를 안다고 말하는 사람들도 있었지만, 그들에게 돈은 '배움의 대상'이 아니라 '결과의 대상'이었다.

그들은 돈에 대한 소유에 대해 질문하는 것에 익숙했다.

"어떻게 하면 돈을 많이 벌 수 있을까?"

"어떤 직업을 선택해야 수입이 높을까?"

"어떻게 투자해야 수익을 극대화할 수 있을까?"

그러나 정작 한층 근본적인 질문에 대해서는 침묵했다.

"돈을 어떻게 다뤄야 하는가?"

"어떻게 하면 돈의 유혹에 넘어지지 않고 이길 수 있을까?"

돈을 다루는 법, 돈 앞에서의 평정심, 그리고 돈의 유혹을 이기는 내적 훈련에 대해서는 거의 관심을 두지 않았다. 그들은 먼저 알아야 할 '마음의 문제'를 배우지 못한 채, 결과만 추구했다. 즉 돈을 이해하려 하기보다 단지 많이 가지는 것만을 목표로 삼았던 것이다.

나는 그들을 비판하려는 것이 아니다. 다만 돈에 대해 제대로 가르치지 않은 사회, 다시 말해 돈을 다루는 법보다 돈을 좇는 법에 집중되었던 교육의 문제를 지적하려는 것이다. 경제가 성장할수록 교육은 점점 효율과 성과 중심으로 기울었고, 그 과정에서 돈은 인간의 마음을 압도하여 마침내 주인의 자리를 차지하게 되었다.

그렇게 돈을 얻으면 행복할 것 같지만 역설적이게도 그런 삶에는 문제가 생긴다. 돈을 삶의 수단이 아니라 목적으로 알기 때문이다. 독일의 경제학자 E. F. 슈마허(E. F. Schumacher)는 "돈은 인간을 위한 수단이지, 인간이 돈을 위한 수단이 되어서는 안 된다"라고 경고했다.

돈을 올바르게 배우지 못해서 생기는 무지는 인간으로 하여금 수단과 목적을 혼동하게 만들었다. 그 결과 사회 곳곳에서 돈의 가치가 왜곡되고, 부패와 혼란이 심화되었다. 돈이 인간의 주인이 될 때, 사회의 질서는 무너지고 인간의 존엄은 흔들린다. 그렇다면 돈을 배우지 못할 때 구체적으로 어떤 문제들이 생길까? 그것을 개인·사회적 차원, 문화·종교적 차원, 신앙적 차원에서 간단히 살펴본다.

● 개인의 무지는 사회적 종속으로

먼저 개인적인 차원에서 돈에 대해 배우지 못한 사람은 경제적으로 취약한 상황에 놓이기 쉽다. 흔히 사람들은 자신이 돈에 대해 이성적이고 합리적인 판단을 내리며, 적절히 사용한다고 생각한다. 그러나 실제로는 그렇지 않다. 대부분의 사람은 자신에 대한 무지, 즉 스스로의 판단이 얼마나 제한적인지를 인식하지 못한 채 살아간다. 인간은 본질적으로 부족한 합리성과 정보의 불평등 속에서 결정을 내리는 존재이기 때문이다.

심리학자이자 행동경제학의 창시자로 불리는 허버트 사이먼(Herbert A. Simon)은 인간이 결코 완벽하게 이성적인 존재가 아니라고 지적했다. 그는 인간의 사고와 선택이 언제나 불완전한 정보, 감정, 편향의 영향을 받는다고 보았다. 그리고 이러한 인간의 한계를 '제한된 합리성(Bounded rationality)'이라고 명명했다. 인간은 계산기처럼 냉철하고 논리적으로 판단하지 못하며, 매 순간 주어진 제한된 정보 안에서 자신이 '하고 싶은 결정'을 내리는 존재라는 뜻이다. 다시 말해 인간의 경제적 선택은 순수한 합리의 산물이 아니라 감정과 편향이 개입된 결과물인 것이다.

이처럼 사람이 감정적 존재임을 고려할 때, 돈에 대한 올바른 이해와 훈련이 결여된 상태에서 재정을 다루면 필연적으로 시장의 변동성, 유행, 여론에 쉽게 휩쓸리게 된다. 그 결과 어디에, 어떻게 돈을 사용해야 할지 판단하지 못한 채 감정에 휘둘린 소비를 하거나 투자를 반복하게 되고, 때로는 전 재산을 잃는 결과를 초래하기도 한다.

예를 들어 주가가 상승할 때는 '나도 주식을 해야 한다'는 군중 심리(Herd behavior)가 작동한다. 사람들은 정확한 분석 없이 남들이 투자했다는 이유만으로 따라 들어간다. 그러다 주가가 하락하면 공포심에 휩싸여 서둘러 매도하고 결국 손실을 확대시킨다. 이 과정에서 위험을 피하려다 오히려 더 큰 위험을 자초하고, 합리적 판단보다 감정에 의존하여 돈을 움직인다. 이와 같은 불안정한 결정이 반복되면 사람들은 점차 돈을 통제하는 것이 아니라 돈에 의해 통제되는 존재로 전락한다.

또한 사회적 차원에서 보자면 돈에 대한 배움이 없을 때 구조의 불평등이 발생하고 심화되기 쉽다. 오늘날의 불평등은 단지 개인의 노력 부족에서 비롯된 것이 아니라 사회 구조적 요인에서 기인하는 경우가 많다. 사회 전체적으로 모든 시민이 동일한 금융 교육의 기회를 가져야 하지만 현실은 그렇지 못하다. 그 결과 '금융 문맹(Financial illiteracy)'이라는 새로운 형태의 불평등이 확산되고 있다.

OECD의 조사에 따르면 한국인의 금융 이해력은 주요 선진국 가운데 하위권에 머물고 있다. 특히 20~32세 사이의 청년층은 금융 태도와 디지털 금융 이해력에서 평균 이하의 수준을 보였다. 이는 단순히 개인의 게으름이나 무관심 때문이 아니라, 교육 체계와 사회 구조의 한계에서 비롯된 문제라 할 수 있다.

정보화와 인공지능의 발달로 금융시장은 급속히 변화하고 있으며, 그에 따라 금융 상품의 구조도 점점 복잡해지고 있다. 이 과정에서 정보의 비대칭(Information asymmetry)이 심화되었다. 즉 금융 지식과 정보에 접근할 수 있는 사람과 그렇지 못한 사람 사이의 경제적 격차가 크게 벌어진 것이다. 이 격차는 단순한 소득의 차원을 넘어 생존의 격차(Survival gap)로 이어진다.

금융 지식이 부족한 사람은 잘못된 정보에 의존하거나 단기적 수익에 현혹되어 위험한 결정을 내리기 쉽다. 반면 돈의 원리를 이해한 사람은 장기적 관점에서 자산을 관리하며 안정적인 삶을 설계한다. 이처럼 금융에 대한 이해력의 차이는 단순히 경제적 성공 여부를 가르는 문제를 넘어, 사회 전체의 구조적 불평등을 심화시키는 요인이 된다. 결국 돈에 대한 무지는 개인의 한계를 넘어 사회적 종속과 구조적 빈곤으로 이어지는 것이다.

● 물질의 번영 & 하나님의 축복

돈에 대한 무지는 문화와 종교적인 차원에서도 왜곡을 발생시킨다. 돈은 인간의 삶에서 필수적인 요소이다. 하지만 동시에 가장 다루기 어려운 주제이기도 하다. 역사적으로 서구 사회와 동양 사회는 돈을 바라보는 관점에서 극명하게 다른 길을 걸어왔다.

서구 자본주의는 돈을 성공, 능력, 자기실현의 상징으로 만들었다. 사회학자 막스 베버(Max Weber)는 『프로테스탄트 윤리와 자본주의 정신』에서 근대 자본주의 정신이 기독교의 근면과 절제의 윤리에서 비롯되었다고 분석했다. 초기 자본주의 정신은 하나님 앞에서의 소명 의식, 즉 성실하게 일하고, 벌어서 나누며, 공동체를 섬기는 신앙적 태도에서 출발했다. 그러나 시간이 흐르면서 이러한 신앙 정신은 점차 사라지고, 물질적 번영을 곧 하나님의 축복으로 오해하는 풍조로 변질되었다. 그 결과 서구 사회는 돈을 많이 버는 것이 곧 능력 있고 복된 삶이라는 문화적 프레임을 형성하게 되었다.

반면 동양 사회는 오랜 유교적 가치관 속에서 돈을 탐욕과 부정의 상징으로 여겨 왔다. "군자는 의(義)를 따르고 소인은 이(利)를 따른다"라는 유교 격언은 물질 추구를 도덕적으로 폄하하는 사고를 낳았다. 이로 인해 돈은 삶의 필수적 수단이면서도, 동시에 마음속 깊은 곳에 죄책감을 불러일으키는 존재가 되었다. 그 결과 돈을 벌면 부끄럽고, 돈 이야기를 하면 속물로 취급받는 이중적 태도가 사회 전반에 자리 잡았다.

이 두 세계관이 교차한 한국 사회는 오늘날 매우 혼란스러운 문화가 형성되어 있다. 이를테면 돈이 필요하지만 돈 이야기를 대놓고 하면 안 된다거나 정신과 철학을 중요시하면서도 결국 돈이 현실을 결정하는 등 모순된 인식이 공존한다.

이 모순은 교회 안에서도 그대로 드러난다. 오랜 세월 교회는 믿음은 영적인 것이고 돈은 세속적인 것이라는 구분 속에서 경제 문제를 신앙의 영역 밖으로 밀어냈다. 이로 인해 성도들은 신앙적으로는 헌신적이지만, 돈을 다루는 문제에 있어서는 세상의 논리에 따라 살아가게 되었다. 즉 돈에 대한 무지에서 비롯된 문화·종교적 왜곡의 결과로 교회의 청지기 정신도 실종되고 만 것이다.

이런 왜곡은 두 가지 극단을 낳는다. 하나는 '돈의 신격화'이다. 돈을 성공의 증거로 여기고, 물질적 풍요를 하나님의 축복으로 단정 짓는 태도다. 이러한 신앙은 사람을 끝없는 경쟁과 비교로 내몰고 결국 돈을 하나님보다 앞세우는 우상으로 만들어 버린다. 다른 하나는 '돈의 금기화'이다. 돈을 신앙의 언어 밖으로 밀어내어, 성도들이 돈을 배우고 다루는 것을 부끄럽게 여기는 태도이다. 그 결과 신앙인들은 돈을 죄책감과 두려움으로 대하며 현실의 경제 문제를 외면한다.

결국 돈을 올바르게 배우지 못한 사회는 하나님 없이 돈을 섬기거나, 돈 없이 하나님을 말하는 두 극단 사이에서 방황하게 된다. 그러나 진리는 양쪽 그 어디에도 있지 않다.

돈은 하나님이 주신 피조 세계의 자원이다. 인간의 탐욕으로 더럽혀질 수도 있지만, 사랑과 섬김으로 거룩하게 사용할 수도 있다. 이 사실을 분명하게 인식하고 돈을 신격화하지도 금기시하지도 않으며 하나님의 뜻 안에서 바르게 이해하고 사용하는 태도를 가질 때, 바로 그것이 잃어버린 청지기 정신의 회복으로 이어진다.

● 질서가 역전된 주인의 자리

마지막으로 신앙의 차원에서도 이 문제를 살펴볼 필요가 있다. 돈에 대해 무지하면 무엇보다 주인 의식이 상실될 위험이 크다. 성경은 "돈을 사랑함이 일만 악의 뿌리"(딤전 6:10)라고 말한다. 여기서 '사랑함'이란 단순한 감정적 애착이 아니라 하나님을 아는 지식의 부재, 곧 영적 방향을 잃은 상태를 의미한다. 돈을 올바르게 이해하지 못하면 그것은 곧 신앙의 자리를 대신 차지하여 인간의 마음 중심에 자리하게 된다. 결국 돈을 모른다는 것은 경제적 무지를 넘어, 하나님이 정하신 영적 질서를 인식하지 못하는 것을 뜻한다.

한편 성경은 재물 자체를 죄로 규정하지는 않는다. 하나님께서는 인간에게 땅을 다스리고 관리하라고 명하셨으며 이는 돈 또한 하나님이 맡기신 피조 세계의 일부임을 의미한다(창 1:28). 돈은 하나님께서 인간에게 위탁하신 자원(Resource)이며 그분의 뜻을 이루기 위한 청지기적 도구(Stewardship tool)이다. 인간의 탐욕을 증명하기 위한 목적이 아니다.

인간이 이러한 본질을 배우지 못할 때 질서는 뒤바뀐다. 도구였던 돈이 주인이 되고, 사람은 오히려 그 도구의 종이 된다. 이것이 바로 신앙적 주인 의식의 상실이며, 하나님께서 주신 통제권을 잃어버린 상태이다. 그 순간부터 인간은 돈을 두려워하기 시작하고 돈의 흐름을 이해하지 못하니 불안에 사로잡히게 된다. 이것이 바로 현대인이 겪는 영적 질병, 즉 하나님 대신 돈이 주인이 된 상태이다.

돈은 본래 하나님이 인간에게 잠시 맡기신 자원에 불과하다. 그런데도 어리석은 인간은 주신 분이 아니라 주신 것에 매여 인생의 주도권을 상실한다. 따라서 돈에 대한 무지는 단순한 지식으로 극복되는 것이 아니라 하나님 앞에서 주인 의식을 회복하는 영적 훈련으로 해결된다.

"내가 가진 모든 것이 하나님 것이다"라는 신앙고백이 회복될 때, 돈은 더 이상 인간을 지배하는 존재가 아니다. 오히려 그것은 하나님 나라를 섬기는 자유의 도구가 된다. 결국 진정한 자유는 돈으로부터가 아니라 하나님을 주인으로 인정하는 믿음에서 시작된다.

3

인식의 전환,
돈이
보이기 시작하다

Shalom Finance

이제 우리에게 필요한 것은 더 많은 돈이 아니라 더 깊은 지혜이다. 돈을 바로 배우고, 바르게 다스리는 능력이 필요한 것이다. 그렇다면 어떻게 돈에 대한 무지를 극복하고 자유로운 청지기적 삶을 살 수 있을까? 그 대안을 다섯 가지로 나누어 생각해 본다.

● 관계의 중심을 비추는 거울

첫째로 교육의 공백은 통합적 금융 교육으로 채워야 한다. 오늘날 교육은 인간의 삶을 총체적으로 이해하지 못한 채, 지식과 기능을 단편적으로 가르치는 데 머물러 있다. 교육 현장에서는 돈을 단지 생계를 위한 기술로만 다루며, 경제를 윤리나 가치로

부터 분리된 실용의 영역으로 제한한다. 또 교회에서는 신앙을 현실과 분리된 영적인 문제로 접근하여 돈과 일, 그리고 삶의 구체적 문제들을 신앙의 외부로 밀어낸다.

이러한 분절된 교육 구조는 인간의 내면과 현실을 단절시키고 신앙과 경제, 마음과 행동이 조화를 이루지 못한 채 따로 움직이게 만든다. 결국 인간의 삶은 통합적 방향성을 잃고, 신앙 없는 경제인과 현실 감각 없는 신앙인을 동시에 양산하게 된다.

경제학의 관점에서 보자면 우리는 금융 리터러시, 즉 돈의 구조를 이해하고 합리적으로 관리할 수 있는 능력을 갖추어야 한다. 그러나 이러한 능력만으로는 충분하지 않다. 심리학의 시선에서 볼 때 인간에게는 자기 인식(Self-awareness), 곧 '나는 왜 이런 방식으로 돈을 사용하는가', '무엇이 나의 소비를 자극하는가' 등을 성찰하는 내면의 통찰이 요구된다. 더 나아가 신앙의 언어로는 돈을 나의 소유가 아니라 하나님의 위탁물로 인식하고 다루는 '청지기 정신'이 자리해야 한다. 돈에 관한 경제적 이해, 심리적 성찰, 신앙적 태도가 조화를 이룰 때 비로소 돈에 관한 교육은 인간을 전인적 성숙으로 나아가게 할 수 있다.

이제 우리는 돈을 버는 기술보다 돈을 다루는 가치와 윤리를 먼저 가르쳐야 한다. 교육 현장에서는 금융 구조와 위험 관리와 소비 심리의 기초를 교육하고, 교회와 가정에서는 돈을 하나님이 맡기신 사명적 자원으로 인식하도록 가르쳐야 한다. 그런 교육 아래에서 인간은 '얼마나 버는가'보다 '어떻게 쓰는가'를 묻는 성숙한 존재로 성장하게 된다.

돈은 인간의 마음과 신앙, 그리고 관계의 중심을 비추는 거울이다. 경제와 신앙, 기술과 영성이 통합될 때 비로소 우리는 돈의 올바른 질서를 회복하게 되며, 그 안에서 자유와 책임, 그리고 하나님의 나라를 향한 경제적 삶의 길을 배워 가게 된다.

● 하나님 나라 경제 질서

둘째로 인지의 한계는 행동·신앙경제학 훈련으로 극복해야 한다. 인간은 스스로 생각하는 것보다 훨씬 더 비합리적인 존재이다. 앞서 살펴본 허버트 사이먼의 '제한된 합리성' 개념이 말해주듯이, 인간은 이성적으로 사고한다고 믿지만 실제로는 감정에 의해 흔들리고, 습관에 의해 지배받으며, 계산보다 즉흥적 선택에 더 쉽게 영향을 받는다.

행동경제학(Behavioral economics)은 바로 이 지점을 탐구하며, 인간이 완전한 합리적 존재가 아님을 전제로 하여 보다 지혜로운 선택을 가능하게 하는 행동 원리를 제시한다. 우리가 인지적 한계를 극복하는 첫 단계는 행동경제학적 훈련을 통해 감정과 습관을 다스리는 것이다.

대표적인 방법으로 프리커미트먼트(Pre-commitment)가 있다. 이는 '미리 약속하기'의 원리로, 소비 이전에 예산을 정하고 충동이 생기기 전에 스스로의 선택을 제한하는 훈련이다. 오늘의 감정이 내일의 후회를 만들지 않도록 미리 방지하는 지혜로운 장치라 할 수 있다.

또 다른 방법은 프레이밍 효과(Framing effect)를 이해하고 이를 교정하는 것이다. 동일한 정보라도 제시 방식에 따라 인간의 판단은 달라진다. 예컨대 '1+1'이라는 문구에 즉각 반응하기보다 정말 두 개가 필요한지를 자문하는 습관이 필요하다. 이는 할인이라는 '현재의 유혹'에 집중하기보다 '미래의 가치'를 바라보게 하는 인지적 훈련이다.

그리고 디폴트 설정(Default setting) 활용이 있다. 인간은 본능적으로 기본 설정을 그대로 따르는 경향이 있다. 존 바그(John A. Bargh)와 타냐 차트랜드(Tanya L. Chartrand)는 "일상 행동의 상당 부분이 무의식적 자동화 과정에 의해 이루어지며 행동 패턴을 그대로 따른다"라고 주장했다. 따라서 자동 저축, 정기 기부, 정기 헌금 등을 기본값으로 설정해 두면 의식적인 결단 없이도 선한 습관이 지속될 수 있다. 이러한 일련의 훈련은 손과 행동을 길들이는 과정이며, 반복을 통해 감정을 통제하고 즉흥적 결정을 절제하는 능력을 길러 준다.

마지막 단계는 '신앙경제학(Spiritual economic)' 훈련이 필요하다. 행동경제학이 감정을 통제했다면 신앙경제학은 마음을 통제하는 훈련, 바로 욕망을 성화(聖化)시키는 훈련을 한다. 아무리 손과 행동이 길들여져도 마음이 길들여지지 않으면 별 소용이 없다. 언젠가 욕망이 다시 손을 지배하게 되기 때문이다. 그래서 신앙은 단순한 행동의 절제를 넘어, 마음의 방향을 하나님께로 돌리는 깊은 훈련을 요구한다.

신앙경제학 훈련의 핵심은 돈을 대하는 질문의 방향을 바꾸는 데 있다. 돈을 벌 때는 '얼마나 많이 벌 수 있는가'가 아니라

'이 일을 통해 하나님께 영광을 돌리고 있는가'를 묻는 습관을 갖는 것이다. 돈을 사용할 때는 '얼마나 아낄 수 있는가'가 아니라 '이 사용이 누군가에게 생명을 주는가'를 생각하는 마음을 품는 것이다. 돈을 모을 때는 '얼마나 쌓을 것인가'가 아니라 '이 재물이 하나님 나라를 위해 쓰이도록 준비되어 있는가'를 점검하는 자세를 취하는 것이다. 이것이 마음을 다스리는 경제학, 곧 신앙경제학 훈련의 본질이다.

행동경제학이 우리의 손을 절제하도록 이끈다면 신앙경제학은 우리의 마음을 성화시킨다. 이 두 가지 훈련이 통합될 때, 인간은 비로소 돈의 지배에서 벗어나 하나님 나라의 경제 질서 속에서 자유와 거룩함을 동시에 누리게 된다.

● 경제 시민, 공동선의 회복

셋째로 구조의 불평등은 공정한 금융 구조로 해결해야 한다. 오늘날의 금융 불평등은 단순히 돈이 많은 사람과 적은 사람의 문제로 환원될 수 없다. 그 근본에는 정보의 불평등, '보이는 사람만 아는 세상'이라는 구조적 문제가 존재한다. 이는 곧 금융 문맹의 실체를 드러낸다. 많은 이들이 돈을 몰라서 실패하기도 하지만, 실제로는 정보의 비대칭으로 인해 불공정한 출발선에 서기 때문에 실패하는 경우가 많다.

나는 투자 현장에서 이러한 현실을 수차례 목격했다. 따라서 금융 문맹은 단순한 개인의 무지나 태만이 아니라, 사회 구조의 문제로 이해되어야 한다. 이제 개인의 노력만으로는 한계가 있으며 국가, 기업, 시민이 함께 공정한 금융 생태계(Fair financial eco-system)를 구축해야 한다.

정부는 복잡한 금융 상품의 구조를 국민 누구나 이해할 수 있는 언어로 설명할 책임이 있다. 어려운 용어와 복잡한 조건 속에 숨겨진 위험 요소를 명확히 공개하고, 국민이 투명하게 금융 시스템에 참여할 수 있는 통로를 마련해야 한다. 기업은 정보의 권력을 남용하지 않도록 윤리적 감시를 받아야 한다. 고객의 무지를 이용한 이익 추구는 단기적으로는 성과를 낳을지 모르나, 장기적으로는 사회의 신뢰 기반을 무너뜨리는 불의한 행위이다. 시민은 단순한 소비자의 위치를 넘어, 자신의 경제적 선택이 사회 전체의 질서와 연결되어 있음을 인식하는 참여적 경제 시민(Participatory economic citizen)으로 성장해야 한다.

이 문제는 경제적 차원을 넘어 신학적 관점에서도 고찰할 수 있다. 성경에서 하나님은 재물의 구조 속에서도 언제나 공평함과 정의를 명하신다. 가난한 자의 땅을 회복시켜 주신 희년의 법과 곡식의 이삭을 남겨 두라 명하신 율법은 경제의 공의(Economic justice)를 통해 개인뿐 아니라 공동체 전체가 함께 살아가도록 하신 하나님의 질서를 보여 준다.

이러한 하나님의 질서는 곧 공동선(Common good)의 회복으로 설명될 수 있다. 공동선의 회복은 정부, 기업, 시민 등 사회의 모든 영역이 하나님의 정의로운 질서로 세워지는 것이다. 여기에는 금융 질서 또한 예외가 아니다. 결국 공정한 금융 구조의 확립은 단지 돈을 바르게 관리하는 기술적 문제를 넘어, 하나님 나라의 질서를 세상 속에서 구현하는 신앙적 행위이다. 다시 말해 금융 정의(Financial justice)는 정책의 문제가 아니라 신앙의 실천이며, 정직한 재정 구조를 세우는 일은 곧 하나님의 정의를 드러내는 일이다.

● 돈의 신학, 거룩한 회복의 언어

넷째로 종교적 왜곡에 맞서 돈의 신학을 새롭게 확립해야 한다. 우리 중 상당수는 종교적으로 오랜 시간 돈에 대한 왜곡된 이해 속에서 살아왔다. 어떤 이는 돈을 지나치게 신성시하여 인생의 궁극적 목표로 삼았고, 또 어떤 이는 돈을 불결한 것으로 여겨 신앙과 철저히 분리했다. 그러나 성경은 돈을 악이라 규정하지 않는다. 문제의 본질은 돈 그 자체가 아니라 돈을 대하는 인간의 마음에 있다.

예수님은 이렇게 말씀하셨다. "네 보물 있는 그곳에는 네 마음도 있느니라"(마 6:21) 이처럼 돈은 인간의 마음을 투영한다. 우리가 무엇을 가장 귀하게 여기는지, 무엇에 마음이 묶여 있는지를 드러낸다. 돈을 어떻게 벌고, 어떻게 쓰고, 어떻게 나누느냐는 단순한 경제 행위가 아니라 영혼의 방향을 비추는 행위이다. 돈은 선이 될 수도 있고 악이 될 수도 있다. 그 기준은 얼마나 많이 가지느냐가 아니라 누구를 위해, 어떤 목적을 위해 사용하느냐에 달려 있다.

따라서 오늘날의 교회는 돈을 말하지 않는 신앙에서 벗어나 돈을 바르게 말하는 신앙으로 나아가야 한다. 신앙은 현실에 눈

감거나 도피하는 것이 아니라, 하나님께서 창조 질서 안에 포함하신 노동, 경제, 재물의 영역을 성실히 다루는 것이다. 결국 돈을 다루는 신앙은 곧 삶을 다루는 신앙이다. 이런 신앙을 세우기 위해서는 교회 공동체 전체의 노력이 필요하다.

교회는 돈을 죄책감의 언어로 다루기보다 거룩한 사명의 언어로 회복해야 한다. 재정은 교회의 생명선이며, 그것이 올바르게 흘러갈 때 교회는 세상을 섬기는 복음의 통로가 된다. 목회자는 재정 설교를 회피하지 말고 돈을 신앙의 현실 속에서 가르쳐야 한다. 예수님도 비유의 절반 이상을 돈과 소유에 관한 주제로 말씀하셨다(마 25장, 눅 16장 등). 성도는 돈을 통해 자신의 믿음을 점검해야 한다. 내 지출과 선택이 하나님 나라를 향하고 있는지, 아니면 나의 두려움과 욕망을 향하고 있는지를 끊임없이 물어야 한다.

결국 '돈의 신학(Theology of money)'이란 돈을 금기시하는 신앙을 넘어, 돈을 거룩하게 사용하는 신앙으로 나아가는 것을 의미한다. 성경은 "무슨 일을 하든지 마음을 다하여 주께 하듯 하고 사람에게 하듯 하지 말라"(골 3:23)라고 명령한다. 돈은 단순한 수단이 아니라 하나님께 드릴 수 있는 또 하나의 예배적 표현이다. 그때 비로소 하나님 나라의 경제, 곧 거룩한 돈의 신학이 현실에서 이루어진다.

● 부름받은 자의 주인 의식

다섯째로 주인 의식 상실을 청지기 정신으로 바로잡아야 한다. 가장 근본적인 무지는 돈의 근원을 오해하는 데에서 비롯된다. 그것은 곧 소유의 착각이다. 인간은 자신이 가진 재물과 자원을 마치 자기 소유인 양 착각하며 살아간다. 그러나 성경은 분명히 선언한다. "땅과 거기에 충만한 것과 세계와 그 가운데에 사는 자들은 다 여호와의 것이로다"(시 24:1) 모든 만물과 그 안의 자원은 하나님의 주권 아래 있다는 말씀이다.

부의 근원은 인간의 노력이나 제도, 혹은 시장의 원리에 있지 않으며 그 근원은 오직 하나님께 있다. 하나님은 돈의 주인이며, 모든 경제의 주관자이시다. 인간은 그분의 동역자로 부름받아 하나님의 나라를 경영할 사명을 위임받은 존재이다.

"생육하고 번성하여 땅에 충만하라, 땅을 정복하라 … 모든 생물을 다스리라 하시니라"(창 1:28) 여기서 말하는 '다스림'은 지배나 착취를 의미하지 않는다. 그것은 보존하고 관리하며 생명을 풍성하게 하는 책임적 통치를 뜻한다.

따라서 인간이 다루는 돈과 자원은 단순한 개인의 재산이 아니라, 하나님의 경제·경영에 참여하는 거룩한 사명적 도구이다. 이때의 경영은 이익의 극대화를 목적으로 하지 않는다. 그것은 하나님 나라의 원리를 삶 속에서 구현하는 실천이다. 청지기로 부름받은 우리는 다음과 같은 원리를 따라야 한다.

- 질서 세우기: 정직하게 일하고, 공평하게 나누는 것
- 자원 돌보기: 낭비하지 않고 필요한 곳에 사용하는 것
- 정의와 자비 실천하기: 도움이 필요한 사람을 돕는 것

- 평안 나누기: 돈을 통해 기쁨과 감사를 흘려보내는 것

이것이 바로 청지기적 경제관(Stewardship economics)이다. 하나님께서 맡기신 부를 하나님의 뜻에 따라 관리하고 직업, 재정, 관계, 시간, 재능, 물질 등 모든 영역을 하나님의 경영 시스템 안에서 운용하는 삶의 방식이다. 올바른 재정은 '내 것'이라는 착각에서 벗어나 모든 것은 '하나님의 것'이라는 신앙적 주인 의식이 자리 잡을 때부터 시작된다.

4.

끌려다닌 돈에서
벗어나기

물질이 풍요로워질수록 인간은 오히려 돈의 무게에 더 깊이 짓눌린다. 돈은 단순한 교환 수단을 넘어 우리의 감정과 가치, 심지어 인간관계까지 좌우하는 힘을 지닌다. 그렇기에 우리는 종종 돈을 소유하는 것이 아니라, 돈에 의해 소유당한 삶을 살아가게 된다.

왜 이토록 돈에 취약한가? 부자든 가난한 자든, 누구도 이 질문에서 자유롭지 않다. 그 이유는 인간의 심리와 사회 구조 속에 깊이 뿌리내린 본질적 요인에서 찾을 수 있다.

● 끌려다니는 세 가지 이유

먼저 인간이 돈에 끌려다니는 근본적인 이유는 생존에 대한 불안과 두려움에서 비롯된다. 인간의 행동은 대부분 결핍을 느낄 때 시작되며, 이를 심리학에서는 '결핍 동기(Deficiency motivation)'라 부른다. 다시 말해 배고프니까 음식을 먹고 싶고, 추우니까 옷을 입고 싶고, 불안하니까 돈을 모으고 싶은 것이 인간 본성의 작동 원리다.

미국의 심리학자 매슬로우(Abraham Maslow)는 인간의 욕구를 다섯 단계로 구분하면서, 그중에서도 생리적 욕구(1단계)와 안전의 욕구(2단계)가 가장 강력하게 작용한다고 설명했다. 이러한 욕구가 충족되지 않을 때 인간은 강한 집착을 보인다.

문제는 욕구가 어느 정도 충족된 후에도 마음속 불안이 사라지지 않는다는 점이다. 사람은 더 가져야 안전하다는 착각에 빠지고, 이 정도면 됐다고 생각하면서도 '혹시 모자라면 어쩌지?'라는 불안에 휩싸인다. 이를 '한계효용체감의 법칙(Diminishing marginal utility)' 또는 '고센의 제1법칙'이라 부른다. 처음에는 돈이 만족을 주지만, 일정 수준을 넘어서면 돈이 더 이상 만족의 기준이 아니라 불안의 기준이 되어 버린다. 그래서 돈이 많아도 마음은 불안하고, 소유가 늘면 늘수록 오히려 더 불안해지는 역설적 상황이 발생한다.

인간이 돈에 끌려다니는 두 번째 이유는 '통제 환상(Illusion of control)' 때문이다. 하버드대 경제학자 엘런 랭어(Ellen Langer)는 "사람은 실제로 통제할 수 없는 일도 통제할 수 있다고 착각한다"라고 지적했다. 예를 들어 복권 번호를 직접 고르면 당첨 확률이 높다고 믿거나, 주식을 오래 보유하면 손실을 막을 수 있다고 생각하는 것 등을 떠올려 볼 수 있다.

이러한 착각은 일시적으로 불안을 줄여 주지만, 결국 현실을 왜곡시키고 더 큰 스트레스와 불안을 유발한다. 엘런 랭어의 연구는 사람들이 돈, 투자, 일상적 선택에서 얼마나 '통제의 환상' 속에 살아가는지를 보여 준다.

돈은 이 환상의 대표적 대상이다. 돈이 많을수록 오히려 잃을까 봐 불안해지고, 작은 변화에도 감정이 요동친다. 결국 사람은 돈을 통해 안정감을 찾으려 하지만 시간이 갈수록 돈이 감정과 선택을 지배하는 주인이 되어 버린다.

인간이 돈에 끌려다니는 세 번째 이유는 사회적 비교와 상대적 박탈감 때문이다. 미국 경제학자 리처드 이스터린(Richard East-erlin)은 "소득이 증가해도 행복은 일정 수준 이상 오르지 않는다" 라고 말하며 이를 '이스터린의 역설(Easterlin paradox)'이라 불렀다.

행복은 절대적인 소득 수준보다는 타인과의 비교에 의해 더 크게 좌우되곤 한다. 사람들은 생존이 아니라 비교에서 지지 않기 위해 돈을 번다. 친구보다 조금 더, 동료보다 조금 더, 이웃보다 조금 더 잘살고 싶은 마음이 경쟁의 불씨가 되고, 돈은 비교의 무기가 된다. 그러나 비교에는 끝이 없고 만족은 점점 사라진다. 비교는 불안을 낳고 불안은 다시 돈에 대한 집착을 강화한다. 그 결과 돈은 행복의 수단이 아니라 끊임없는 경쟁과 불안의 족쇄가 되어 인간을 얽매이게 한다.

이렇듯 인간은 결핍의 불안, 통제의 환상, 사회적 비교라는 세 가지 이유로 돈에 흔들리고 끌려다닌다. 부자와 빈자, 남녀노

소, 지위 고하를 막론하고 모든 사람이 그렇게 살아간다. 결국 오랜 시간 돈에 대한 연구와 경험을 토대로 내린 나의 결론은 인간이 돈에 끌려다니지 않기 위해서는 돈의 기술보다 마음의 질서를 회복해야 한다는 것이었다.

● 주도권의 회복

돈의 자유는 단순히 돈을 멀리하거나 무시하는 것이 아니라, 돈과의 관계에서 주도권을 회복하는 일이다. 인간이 돈에 끌려다니지 않기 위해서는 마음의 질서를 세우고, 소유가 아닌 의미와 기준의 회복을 배워야 한다.

하나, '충분함'을 아는 연습에서 시작해야 한다. 성경은 "자족하는 마음이 있으면 경건은 큰 이익이 되느니라"(딤전 6:6)라고 말한다. 돈의 문제는 대부분 '없어서'가 아니라 '끝이 없어서' 생긴다. 자족할 줄 몰라서 문제가 발생하는 것이다. 그러나 이스터린의 역설이 말해 주듯이 거기에는 만족이 없다. 더 많이 벌고 더 많이 쌓을수록 불안은 커진다. 마음이 멈출 지점을 잃어버린 것이다.

진정한 부요함은 소유의 크기에서 오지 않는다. 이 정도면 충분하다는 내면의 고백이 있을 때 인간은 돈의 지배에서 벗어난다. 감사할 줄 아는 사람은 가진 것보다 마음이 부유하고, 욕망에 붙잡힌 사람은 소유가 많아도 늘 부족하다. 그러므로 돈의 자유는 지금보다 더 벌어야 가능한 것이 아니라 멈출 줄 아는 연습을 할 때 가능하다. 멈출 수 있는 용기, 그것이야말로 신앙인이 가질 수 있는 가장 큰 부요함이다.

둘, 돈을 통제하려 하지 말고 의미를 부여해야 한다. 예수님은 "사람이 만일 온 천하를 얻고도 제 목숨을 잃으면 무엇이 유익하리요"(마 16:26)라고 말씀하셨다. 우리 삶에 돈보다 중요한 가치가 있다는 뜻이다.

많은 사람이 돈을 통제하면 불안을 극복할 수 있다고 믿는다. 그러나 아이러니하게도 돈을 통제하려는 순간 돈이 오히려 우리를 통제한다. 돈은 인간의 감정적 안정감을 보장해 주는 것처럼 보이지만, 사실은 그 안정감을 인질로 삼는다. 불안이 높을수록 사람은 돈으로 안정을 사려 하고 그럴수록 돈은 사람의 마음을 지배한다.

우리가 돈을 쓰는 방식에는 우리의 신념과 철학, 신앙이 모두 녹아 있다. 가족과 함께 따뜻한 시간을 보내기 위해, 도움이 필요한 이웃을 위해, 자신의 재능으로 세상을 섬기기 위해 돈을 사용할 때, 그 돈은 생명을 살리는 에너지로 바뀐다. 그러나 단지 나의 불안을 잠재우거나 타인의 시선을 만족시키기 위해 사용할 때, 돈은 의미를 잃고 무거운 짐이 된다. 그러므로 '돈의 의미'를 분명히 해야 한다.

- 나는 왜 돈을 벌고 있는가?
- 이 돈은 나의 가치와 믿음에 부합하는가?
- 이 돈이 나를 자유롭게 하는가, 더 얽매이게 하는가?

이 세 가지 질문은 돈에 의미를 부여하는 기준점이 된다. 의미가 분명할 때, 돈은 인간을 지배하지 못한다. 의미 없는 돈은 무게가 되지만, 의미 있는 돈은 사명이 된다. 그로 인해 자유를 경험하게 한다.

셋, 남과 비교하기보다 자기 기준을 세워야 한다. 사도 바울은 갈라디아서에서 "각각 자기의 일을 살피라 그리하면 자랑할 것이 자기에게는 있어도 남에게는 있지 아니하리니"(갈 6:4)라고 권면한다.

비교는 끝이 없다. 비교는 마음의 평안을 앗아 가고, 만족을 지워 버린다. 그러나 기준은 나를 지켜 준다. 남의 성공을 바라보며 불안해하기보다 자신만의 가치 기준을 세우는 것이 중요하다. "나는 빚 없이 사는 것을 가장 큰 자유로 삼는다." "나는 돈보다 시간을 더 소중히 여긴다." "나는 정직하게 번 돈만 쓴다." 이와 같은 내면의 기준이 세워질 때, 외부의 평가와 유행의 흐름에 흔들리지 않는다. 이것이 자유의 시작이다.

비교는 외부의 소음이지만, 기준은 내면의 목소리다. 그 목소리가 커질수록 돈의 소음은 작아진다. 돈의 자유는 남보다 더 많은 돈을 갖는 데 있지 않다. 남과 비교하지 않고도 만족할 수 있는 자기 기준을 세우는 데 있다.

넷, 돈은 쌓아 두는 것이 아니라 흘려보내야 한다. 성경은 "주는 것이 받는 것보다 복이 있다"(행 20:35)라고 분명히 말한다. 이 말씀은 단순한 도덕적 교훈이 아니라 하나님의 경제 질서를 드러내는 선언이다. 세상의 경제는 '받는 자가 이익을 얻는 구조이지만, 하나님의 나라는 정반대다. 나눌 때 채워지고, 베풀 때 풍성해지는 역설의 원리가 작동한다.

주는 행위는 그저 물질을 나누는 일이 아니라 하나님의 성품을 닮아 가는 거룩한 행위이다. 하나님은 창조 때부터 끊임없이 주시는 분이며, 그분의 형상대로 지음받은 인간 또한 '주는 삶' 속에서 참된 존재의 기쁨을 누리도록 설계되어 있다.

그래서 성경은 주는 자에게 복이 있다고 말한다. 그 복은 단지 물질의 회복이 아니라 마음의 자유와 관계의 회복, 그리고 하나님과의 일치에서 비롯된다. 주지 않는 인생은 소유를 지키지만, 나누는 인생은 마음을 얻는다. 이것이 바로 하나님이 약속하신 복의 방식이다.

신경경제학자 폴 잭(Paul J. Zak)은 남을 돕고 신뢰를 나누는 행위가 인체의 옥시토신(Oxytocin)을 활성화시켜 불안을 줄이고 행복감을 높이는 효과를 낸다고 주장했다. 즉 "주는 것이 받는 것보다 복이 있다"는 말씀은 과학적으로도 입증되는 보편적 진리임이 확인되는 것이다.

하나님은 우리에게 돈을 보관하라고 명령하지 않으셨다. 그분은 흘려보내라고, 그것으로 사랑하라고 말씀하셨다. 작은 기부, 감사의 선물, 친구를 위한 한 끼 식사, 혹은 가족과의 따뜻한 저녁, 이 모든 것이 돈이 흐르는 경험이다. 우리가 흘려 나눌 때 하나님은 그 빈자리를 새로운 은혜로 채우신다.

그 흐름 속에서 우리는 깨닫게 된다. 돈은 사라지는 것이 아니라 사랑으로 채워지는 것이다. 돈이 없어지는 것이 아니라 하나님의 은혜로 풍성해지는 것이다. 그것은 위로가 되고, 희망이 되고, 기도가 된다. 그리고 돈의 자유함에 이르러 이렇게 고백할 수 있게 된다. "모든 것을 주님께서 주셨으므로, 우리가 주님의 손에서 받은 것을 주님께 바쳤을 뿐입니다."(대상 29:14, 새번역)

마치 마르지 않는 샘처럼 우리가 흘려보낼수록 마음은 더 깊어지고, 나눌수록 삶은 더 단단해진다. 돈이 쌓일 때는 마음이 닫히지만 돈이 흘러갈 때는 마음이 열린다. 인간은 비로소 돈으로부터 자유로워지고, 하나님 안에서 진정한 부요함과 평안을 얻게 된다.

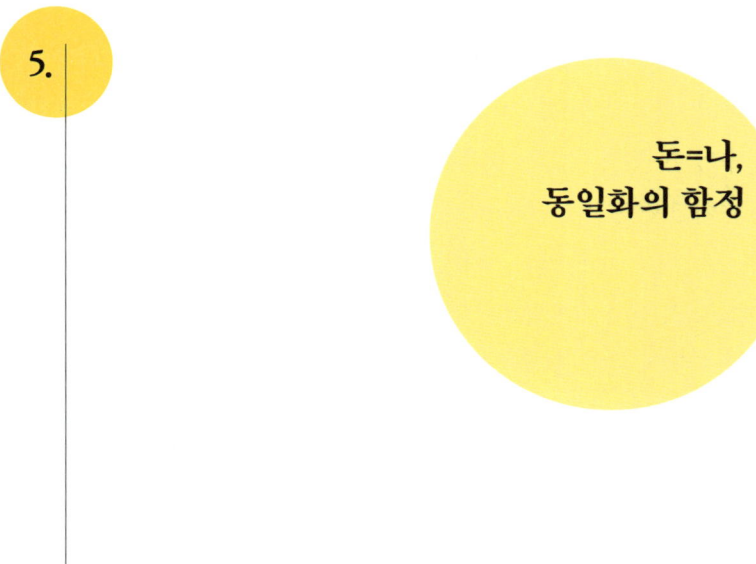

5.

돈=나,
동일화의 함정

Shalom Finance

누군가에게 "당신은 누구입니까?"라는 질문을 받는다면, 우리는 대개 "저는 ○○회사에 다니는 ○○○입니다"라고 답한다. 대학, 직장, 연봉 그리고 소유한 물건이 곧 나를 설명하는 시대다. 이름보다 브랜드가 먼저 떠오르고, 존재보다 역할이 앞서는 사회 속에서 사람들은 자신을 증명하기 위해 끊임없이 무엇인가를 소유하려 한다.

그중에서도 가장 소유하고 싶은 게 있다면 단연 돈이다. 돈은 자기 존재를 증명하는 척도가 되어 버렸다. 즉 돈이 내가 되고 내가 돈이 되는 함정에 빠져서 살아가고 있다. 이것을 '자기 동일화'라고 한다. 자기 동일화는 개인이 자신의 존재와 가치를 외부의 요소(돈, 지위, 관계 등)와 동일시하는 심리적 현상이다.

그렇다면 이런 자기 동일화는 왜 일어나는가? 왜 인간은 자신이 소유한 것과 자기 자신을 혼동하는 것인가? 이 장에서는 인간이 자기 동일화에 빠지는 원인과 구조, 심리적 메커니즘, 그리고 그것이 인간의 영혼과 신앙에 어떤 영향을 미치는지 살펴본다.

● 존재 가치의 불안정

자기 동일화의 첫 번째 원인은 존재 가치의 불안정이다. "나는 과연 괜찮은 사람인가?"라는 끊임없는 자기 의심의 함정이다. 많은 사람이 자신의 존재 근거를 스스로 확신하지 못한 채 살아간다. 이 현상은 단지 세상 사람들에게만 나타나는 것이 아니라, 교회를 다니는 성도들도 하나님의 자녀라는 존재를 의심하며 확신하지 못한다.

나는 투자자, 직장인, 신앙인 등 다양한 사람들을 만나 왔는데, 그들은 한결같이 자신이 충분히 가치 있는 존재인지를 확인받기 위해 애쓰고 있었다. 그 이유는 분명하다. 오늘날의 사회 구조가 인간에게 '너는 그냥 사랑받는 존재'가 아니라 '무엇을 이루어야 사랑받을 수 있는 존재'라는 메시지를 끊임없이 주입하는 것이 가장 크게 작용한다. 가정, 학교, 직장 등 모든 영역에서 우리는 '조건부 존재'로 자랐다.

이런 환경 속에서 사람은 자신을 있는 그대로 받아들이기보다는 항상 무언가를 이루어야만 인정받는다고 믿게 된다. 결국 이러한 조건적 평가 구조는 불안정한 자존감을 낳고, 그 불안정은 외부 요소를 통해 자신을 증명하려는 강박으로 이어진다. 그렇게 외부 요소들은 돈, 직업, 외모, 학력 등으로 곧 나의 가치를 대신 말해 주는 상징적 언어(Symbolic language)가 되어 버린다.

심리학자 칼 로저스(Carl R. Rogers)는 이러한 현상을 '조건적 자아(Conditional self)'라고 불렀다. 그에 따르면 인간은 무조건적 긍정 존중(Unconditional positive regard)을 경험할 때 비로소 안정된 자아를 형성한다. 그러나 사랑과 인정을 조건적으로 배울 때, 즉 잘하면 사랑받고 실패하면 버려진다는 식의 학습을 받을 때, 그 사람의 자아는 외부의 평가에 의존하는 조건적 자기 개념(Conditional self-concept)으로 고착된다.

이러한 조건적 자아는 돈이 있을 때는 나는 괜찮은 사람이라는 심리적 안정을 느끼지만, 돈이 줄어들면 곧바로 나는 실패자라는 정서적 위기로 빠지게 만든다. 다시 말해 자기 가치가 내면의 본질이 아닌 외적 성취에 의해, 즉 돈에 의해 결정되는 구조가 형성되는 것이다. 이것이 현대인이 돈과 자신을 동일시하게 되는 첫 번째 이유이다. 존재 가치의 불안정은 돈을 자아의 중심에 놓는 현대 사회의 근본적 불안을 만들어 낸다.

🟡 성과 중심 사회

자기 동일화의 두 번째 원인은 존재 가치보다 성과 가치를 더 중요시하는 사고이다. 현대 사회는 인간을 고유한 존재로 보기보다 '성과(Achievement)를 내는 기능적 역할'로 규정한다. 가치의 기준이 사람 그 자체에서 사람이 만들어 내는 결과로 옮겨 간 것이다. 이러한 변화는 단순한 개인의 태도 문제가 아니라, 근대 자본주의에 형성된 효율과 성과로 만들어 낸 구조적 결과라고 할 수 있다.

경제학은 인간을 '생산 단위'로, 교육은 학생을 '학업 성적'으로, 기업은 직원을 '성과 업적'으로 평가함으로써, 인간의 내면적 가치보다 성과와 결과가 더 중요하게 여겨지는 사회를 형성시켰다. 그 과정에서 인간은 가치 있는 존재로 살아가는 법을 배우기보다, 가치를 만들어 내야 하는 성과 중심의 존재로 길러진다. 이런 사고방식은 인간의 존재는 곧 성취로 입증된다는 전제를 깔고 있다. 그 속에서 인간은 자연스럽게 성과로 자신을 증명하려는 존재로 길러진다.

사회심리학자 에리히 프롬(Erich Fromm)은 이러한 인간상을 '소유의 인간(Homo possidens)'이라 정의하였다. 『소유냐 존재냐』에서 그는 "현대인은 더 이상 '나는 있다(I am)'가 아니라 '나는 무엇을 가진다(I have)'로 자신의 존재를 입증한다"라고 비판했다. 그는 자본주의 사회가 인간을 성과와 소유를 통해 자기 존재를 증명하도록 강요하는 구조로 변화시켰다고 분석했다.

그의 지적대로 오늘날 인간의 정체성은 존재가 아니라 소유와 성과에 의해 평가된다. 돈은 인간의 가치를 설명하는 도구가 되었고, 소유와 성과는 인격보다 더 강력한 자기소개서가 되어 버렸다. 이로써 인간은 본래의 존재적 가치에서 멀어지고, 성과를 통해 자신을 증명해야만 하는 불안한 삶의 구조 속에 갇히게 되었다.

결국 성과 중심 사회는 인간을 하나님의 형상으로 지음받은 존귀한 존재가 아니라, 결과로 평가받는 기능적 존재로 전락시킨다. 이것이 바로 현대인이 돈과 성과를 자신과 동일시하게 되는 두 번째 심리적 함정이며, 존재보다 성과를 우위에 두는 사회적 가치 체계가 그 근본적인 원인이다.

🟡 타인의 시선에 휘둘림

현대인이 자기 동일화에 빠지는 세 번째 원인은 타인의 시선이다. '나는 누구인가'보다 '남들이 보는 나는 누구인가'를 더 중요시하는 것이다. 오늘날 인간은 다양한 사회적 역할을 동시에 수행하며 살아간다. 회사에서는 전문가로, 교회에서는 신앙인으로, 온라인에서는 또 다른 세련된 인플루언서로 각기 다른 공동체에서 다른 모습이 나타난다. 이처럼 한 사람이 여러 정체성을 감당하는 다층적 자아의 시대를 살아가면서 인간은 점차 '진짜 나'를 잃고 '보여지는 나(Appearing self)'로 대체되어 간다.

사회학자 찰스 쿨리(Charles H. Cooley)는 이러한 현상을 '거울 자아(Looking-glass self)' 개념으로 설명했다. 인간은 타인의 시선을 통해 자신을 인식하고, 그 평가에 따라 자아를 형성한다는 것이다. 그러나 현대 사회의 거울은 단순히 타인의 시선에 그치지 않는다. 이제 그 거울은 돈, 지위, 브랜드, SNS 이미지로 확대되었다. 직장의 직함, 연봉, 소비 수준과 외형적 화려함이 곧 자신을 비추는 기준이 되었다.

그 결과 현대인은 '나는 얼마나 벌고 있는가', '나는 어떤 것을 소유하고 있는가'로 자신을 판단한다. 이러한 자기 인식은 극도로 불안정하다. 돈이 줄거나 직위를 잃는 순간 자존감은 무너지고, 타인의 성공은 자신의 실패처럼 느껴진다. 이러한 불안을 감추기 위해 사람들은 끊임없이 투자하고 소비하며, 더 큰 성취로 자신을 포장하려 한다. 하지만 그 끝에는 공허함만 남는다. 돈은 자아의 거울이 되고, 인간의 존재는 점점 표면적인 이미지로만 남게 된다.

결국 남이 보는 나에 사로잡힌 인간은 하나님 앞의 나를 상실한다. 존재의 깊이는 얕아지고, 삶은 끊임없는 비교와 피로 속에 갇힌다. 이러한 현상은 단순한 사회적 현상을 넘어, 영혼의 방향이 내면에서 외면으로 전이된 현대인의 근본적 위기를 드러내고 있다.

● 무한 생존 경쟁

자기 동일화의 네 번째 원인은 무한 경쟁에서 이겨야만 존재할 수 있다는 사고방식에 있다. 자본주의 사회는 경쟁을 생존의 수단이 아니라 존재의 조건으로 만들어 버렸다. 인간은 단지 더 나은 삶을 추구하는 것이 아니라 남보다 앞서야 한다. 남과의 경쟁에서 살아남아야만 존재의 의미를 증명할 수 있다고 믿게 된 것이다.

경제학자 프레드 허쉬(Fred Hirsch)는 "경제 성장은 한계가 있지만, 욕망은 무한하다"라고 말하며, 자본주의 사회의 구조적 모순을 지적했다. 성장의 자원은 유한하지만 인간의 욕망은 끝이 없기 때문에, 사회는 필연적으로 끝없는 경쟁의 체제로 흘러간다는 것이다.

경쟁 구조 속에서 사람들은 타인을 이겨야만 자신이 '살아 있다'는 확신을 얻는다. 직장에서의 승진, 부동산 가격 상승, 투자 수익 증대, SNS 팔로워 수 증가 등은 모두 상대적 우위를 증명하는 수단으로 변모하였다. 인간의 행복은 더 이상 내적 만족에 있지 않고, 타인과의 경쟁에서 승리하는 데 달려 있게 되었다.

이러한 현대 사회의 무한 경쟁 구조는 인간을 성장시키지 않는다. 오히려 인간을 피로와 불안 속으로 몰아넣고, 돈과 성공을 존재의 근거로 착각하게 만든다. 경쟁 중심의 사고는 인간의 본질적 가치를 왜곡시켜 경쟁하지 않으면 존재할 수 없다는 거짓된 신념을 내면에 새겨 넣는다.

● 돈의 우상화

자기 동일화의 마지막 원인은 하나님 자리에 돈을 올려놓는 신앙의 왜곡이다. 인간은 본래 하나님을 예배하고, 그분 안에서 자신을 이해하도록 창조되었다. 그러나 현대 사회는 하나님 대신 돈을 궁극적 가치와 신뢰의 대상으로 세웠다.

돈은 인간의 안전과 의미, 구원의 약속을 대신하는 '세속적 신'으로 기능한다. 성경은 이러한 인간의 배반을 분명히 지적한다. "내 백성이 두 가지 악을 행하였나니 곧 그들이 생수의 근원 되는 나를 버린 것과 스스로 웅덩이를 판 것인데 그것은 그 물을 가두지 못할 터진 웅덩이들이니라"(렘 2:13)

이 말씀은 생명의 근원인 하나님을 떠나, 스스로 돈과 성공이라는 터진 웅덩이를 만들어 그 속에서 목마름을 달래려는 인간의 모습을 묘사한다. 그러나 그 웅덩이는 결코 갈증을 해소하지 못한다. 돈은 잠시 만족을 줄 수 있지만 영혼의 갈증을 메우지 못한 채 더 큰 욕망을 불러일으킨다. 하나님이 아닌 돈이 인생의 중심이 될 때 신앙의 자리는 점차 세상의 질서와 힘으로 대체되고, 존재의 기준은 영적이 아닌 물질적으로 전락한다.

에리히 프롬은 이러한 상태를 '세속적 신앙(Secular faith)'이라 불렀다. 그는 "현대인은 신앙을 버리지 않았다. 다만 그 신앙의 대상을 신에서 세상으로 바꾸었을 뿐이다"라고 지적했다. 이는 오늘날 우리의 현실을 정확히 드러낸다.

인간은 더 이상 하나님께 기도하지 않고 돈에 자신의 소망을 맡긴다. 성공을 예배하고 소비를 통해 죄책을 달래는 왜곡된 신앙 구조 속에 살아간다. 이때 돈은 신의 자리를 차지하고, 인간은 그 신의 제물이 된다. 이는 자기 동일화의 최종 단계이다. 하나님과 단절된 인간은 돈 속에서 자신의 의미를 찾으려 하지만, 그 끝에는 평안이 아니라 끝없는 공허와 불안이 기다리고 있다.

결국 영적 방향을 잃은 인간은 하나님 안에서 자신을 발견하는 존재가 아니라, 소유로 자신을 증명해야 하는 존재로 전락한다. 그 결과 신앙은 생명의 길이 아니라 성과의 경쟁으로 변질되고, 돈은 단순한 수단을 넘어 영적 주인 곧 현대의 우상이 되어 버린다.

현대인은 돈을 통해 자신을 증명하려 하지만 그것은 경제적으로 불안하고, 심리적으로 위험하며, 신앙적으로는 방향을 잃은 삶이다. 돈이 인간의 가치를 측정하는 기준이 될 수 없는데도 사람들은 여전히 그것으로 자신의 존재를 입증하려 한다. 그러나 그 과정은 끝없는 불안의 연속이다. 돈과 자신을 동일시하는 삶은 결국 영혼을 메마르게 만든다. 돈은 일시적인 만족을 줄 수 있지만, 인간의 깊은 목마름과 공허를 채울 수는 없다. 물질은 편안함을 제공하지만 의미를 주지 못한다. 돈은 인간의 손에 쥐어져 있으나 마음의 평안을 보장하지 않는다.

6.

함정 탈출,
돈에서 거리 두기

앞서 살펴본 것처럼 '나와 돈의 동일시'는 결국 허상에 불과하다. 돈이 곧 나 자신이라 믿는 순간부터 인간은 실체가 아닌 그림자, 화려하지만 실속 없는 착각의 세계 속을 떠돌게 된다. 이제 이 허상에서 깨어나야 한다. 자기 동일화의 함정에서 벗어나 돈으로부터의 자유, 곧 존재의 자유를 회복해야 한다. 그 자유는 돈보다 내 존재가 더 크다는 진리를 되찾는 데 있다. 그 회복의 길은 다음 다섯 단계로 이어진다.

● 가치 회복, 존재만으로 귀한 나

진정한 자유는 자신의 내면적 가치를 다시 바라보는 것에서 시작된다. 인간은 너무 쉽게 돈, 직업, 성과를 기준으로 자신을 평가한다. "벌이가 줄면 나는 실패자인가?", "남들보다 가진 것이 적으면 나는 가치 없는 사람인가?"와 같은 질문들은 이미 마음이 소유의 잣대에 갇혀 있음을 보여 준다.

그러나 하나님은 인간의 사회적 지위를 보시지 않는다. 얼마나 가졌는가를 평가하시지 않는다. 애초에 그 모든 것들은 하나님이 주신 것이다. 하나님이 귀하게 여기시는 것은 우리의 존재 그 자체이다.

성경은 이 진리를 분명히 선언하고 있다. "하나님이 당신의 형상대로 사람을 창조하셨으니, 곧 하나님의 형상대로 사람을 창조하셨다."(창 1:27, 새번역) 이 말씀은 인간의 가치가 후천적으로 쌓이는 것이 아니라, 하나님의 형상 속에서 이미 완성된 선물임을 선포한다. 따라서 돈이 많을 때나 부족할 때나 인간의 가치는 결코 변하지 않는다. 내가 하나님께 속한 존재임을 믿는 순간, 경쟁은 멈추고 마음에는 평안과 감사가 자리한다.

"너는 두려워하지 말라 내가 너를 구속하였고 내가 너를 지명하여 불렀나니 너는 내 것이라"(사 43:1) 이 말씀은 하나님께서 우리를 바라보시는 시선의 언어이다. 세상은 성취로 인간을 평가하지만, 하나님은 이미 너는 내 것이라 말씀하신다. 이 고백이 마음 깊이 새겨질 때 인간은 더 이상 돈으로 자신을 증명하려 하지 않는다. 자신의 존재가 이미 충분히 아름답다는 사실을 깨닫는 순간, 인간은 비로소 진정한 자유를 누리게 된다.

존재 중심 사고, 성숙의 길

세상은 끊임없이 '무엇을 이루었는가'를 묻지만, 하나님은 '너는 어떤 사람이 되어 가고 있느냐'를 물으신다. 성공은 일시적이지만 성숙은 영원한 가치를 지닌다. 인간의 삶에서 돈은 목적이 아니라 하나님께서 주신 사명을 이루기 위한 도구에 불과하다. 따라서 더 많이 가지려는 마음에서 벗어나 더 하나님을 닮아 가는 사람으로 성장할 때, 비로소 삶의 무게는 가벼워진다.

성경은 "사람의 생명이 그 소유의 넉넉한 데 있지 아니하니라"(눅 12:15)라고 말씀한다. 하나님 안에서 인간은 소유로 증명되는 존재가 아니라, 사랑과 성숙으로 완성되어 가는 존재이다. 이 진리를 깨닫는 순간 돈은 더 이상 주인이 아니라 함께 걸어가는 동행자가 된다. 그때 인간은 소유의 굴레에서 벗어나 존재의 평안과 하나님 안에서의 참된 자유를 누리게 된다.

진정한 자아, 하나님 시선으로 보기

현대인은 세상의 시선에 지나치게 민감하게 반응한다. 얼마를 버는지, 어떤 옷을 입는지, 어떤 직함을 가지고 있는지가 곧 자신의 정체성을 규정하는 기준이 되어 버렸다. 그러나 그것은 진짜 나가 아니다. 세상이 만들어 낸 '보여지는 나'는 일시적이며 환경과 평가에 따라 언제든 흔들릴 수 있다. 반면 '하나님이 보시는 나'는 변하지 않는다. 그분의 시선 속에서만 인간의 참된 존재는 드러난다.

성경은 이렇게 말한다. "사람은 외모를 보거니와 나 여호와는 중심을 보느니라"(삼상 16:7) 하나님은 인간의 겉모습이 아니라 마음의 중심을 바라보신다. 세상은 겉을 꾸미라고 하지만 하나님은 마음을 다듬으라 하신다. 겉모습의 화려함은 사람의 눈을 끌수 있지만, 중심의 진실함만이 하나님의 눈을 감동시킨다.

따라서 보여지는 나를 내려놓고, 하나님이 보시는 나로 살아갈 때 인간은 비교의 굴레에서 벗어나게 된다. 마음은 비로소 쉬기 시작하며 존재는 회복된다. 그때 돈은 더 이상 자신의 가치를 증명하기 위한 수단이 아니라 하나님께서 맡기신 삶의 도구가 된다.

진정한 자아의 회복이란 다른 사람이 나를 어떻게 평가하는가에 있지 않다. 그것은 오직 하나님께서 나를 어떻게 부르시는가에 귀 기울이는 데 있다. 하나님의 부르심은 세상의 기준과 달리 변하지 않는 사랑의 언어로 다가온다. 그 부르심 안에서 인간은 다시 평안을 얻고, 존재의 방향을 되찾는다.

하나님이 보시는 나로 살아간다는 것은 세상의 시선에서 자유로워지는 동시에, 하나님의 시선 안에서 자신답게 살아가는 길이다. 그때 인간은 더 이상 타인의 평가에 흔들리지 않고 하나님 안에서 참된 자아와 자유를 회복하게 된다.

🟡 협력의 경제, 관계의 부요함

현대 사회는 끊임없이 우리를 비교와 경쟁의 장으로 몰아넣는다. 더 높이 오르고, 더 많이 벌고, 더 앞서야만 인정받는 구조 속에서 인간은 서로를 동료가 아닌 경쟁자로 바라보게 된다. 그러나 하나님 나라의 경제는 이와 정반대의 원리를 따른다. 그곳에서는 '이김'이 아니라 '함께함', '소유'가 아니라 '사랑'이 중심이된다.

성경은 "너희가 짐을 서로 지라"(갈 6:2)라고 말씀한다. 참된 부요함은 혼자 높이 오르는 데서 오지 않는다. 서로의 짐을 나누고 함께 세워 갈 때 그 속에서 공동체의 생명과 기쁨이 자라난다. 경쟁은 사람을 고립시키지만, 협력은 마음을 풍성하게 하며 관계를 살린다.

프레드 허쉬는 "모두가 위를 바라보게 만드는 것이 자본주의의 본질"이라고 지적하였다. 이 말은 세상 경제가 끊임없이 사람을 비교하게 만들고, 만족이 아닌 결핍의 감정을 낳는 구조임을 보여 준다. 모두가 위를 바라보는 사회에서는 결코 평안이 존재할 수 없다.

그러나 하나님은 위가 아니라 옆을 보라고 하신다. 손을 내밀어 함께 걸으며, 서로의 삶을 나누고 돌볼 때 인간은 비로소 돈이 주지 못하는 깊은 평안과 기쁨을 경험하게 된다. "서로 돌아보아 사랑과 선행을 격려하며"(히 10:24) 이 말씀은 하나님 나라의 경제 질서를 가장 잘 보여 준다.

진정한 부요함은 통장 속의 숫자가 아니라, 함께 웃고 함께 울 수 있는 관계의 깊이에 있다. 사람과 사람 사이에 사랑이 흐를 때, 하나님께서 창조하신 '하나 됨의 경제'가 실현된다. 하나님 나라의 경제는 경쟁을 통해 한 사람이 높아지는 구조가 아니라 서로를 세우며 함께 성장하는 질서이다.

경쟁이 멈출 때 사랑이 흐르고, 사랑이 흐를 때 공동체는 부요해진다. 그곳에서 인간은 더 이상 비교하지 않고, 서로의 손을 잡고 하나님께서 주신 생명의 풍요를 누리게 된다. 진정한 부요함은 소유가 아니라 관계에서 비롯된다. 하나님 안에서 함께 존재할 때 우리는 가장 부요한 사람이 된다.

🟡 하나님 중심의 정체성

진정한 자유는 돈을 통제할 때가 아니라, 돈을 하나님께 맡길 때에 비로소 주어진다. 인간이 많은 재물을 가질수록 불안이 커지는 이유는 자신이 주인의 자리에 앉으려 하기 때문이다. 성경은 진짜 주인이 돌아와 각각 그 청지기의 행한 것을 결산하는 때가 있음을 분명히 경고한다(마 25:19).

우리는 돈의 주인이 아니라 하나님의 뜻을 맡아 관리하는 청지기이다. 청지기는 주인의 마음을 알고, 그분의 의도를 따라 움직이는 사람이다. 돈을 쌓아 두는 데서 만족을 찾지 않고, 하나님의 뜻에 따라 흘려보내는 기쁨을 아는 사람이다. 청지기의 삶은 단순히 절약이나 분배의 차원이 아니다. 그것은 하나님의 통치에 동참하는 거룩한 사명이다.

하나님의 뜻에 따라 벌고, 절제하며, 나누는 삶 속에서 돈은 더 이상 나를 지배하는 사슬이 아니라 하나님 나라를 세우는 도구로 변화된다. 돈의 주인이 하나님이심을 인정할 때, 인간은 비로소 자유로워진다. 그때 재물은 불안의 근원이 아니라 섬김과 사랑의 수단이 되고, 청지기의 손을 통해 하나님 나라의 선한 영향력이 세상 속으로 흘러가게 된다.

참된 부요함은 소유의 크기가 아니라 하나님께 순종하는 삶의 깊이에 있다. 하나님이 주인 되시고 우리가 그분의 뜻을 따라 살아갈 때, 돈은 더 이상 인간의 마음을 얽매는 대상이 아니라 하나님의 선하신 목적을 이루는 거룩한 통로가 된다. 이때 참된 돈의 자유를 만난다.

치유와 회복의 여정

돈과 나의 관계를 다시 쓰다

1.

돈에 새겨진
상처

돈이라 하면 사람들은 대개 풍요로움과 편리함, 그리고 행복을 먼저 떠올린다. 그래서 누구나 더 많이 소유하고 싶어 한다. 그러나 돈은 언제나 한 가지 얼굴만을 가지고 있지 않다. 그 이면에는 돈으로 인해 생겨나는 고통과 다툼, 배신, 거짓, 부패, 그리고 죄의 문제가 숨어 있다.

돈은 인간의 삶에 두 가지 상반된 결과를 가져온다. 때로는 행복과 풍요로움을 약속하지만, 그 끝은 종종 고통과 좌절, 그리고 근심으로 마무리된다. 실제로 우리는 돈으로 인해 삶이 나아졌다고 느끼는 순간에도 욕망과 탐욕이 그 마음을 뒤덮어 관계가 깨어지고, 공동체가 흔들리며, 신앙의 중심이 무너지는 모습을 수없이 보아 왔다. 부유함은 잠시의 안정을 주지만 그 안에 탐욕이 자리 잡으면 곧 불안과 다툼, 부패로 이어진다.

이것은 단지 세상의 이야기가 아니다. 곧 나 자신의 이야기이기도 하다. 나 역시 돈이 가져다주는 풍요로움 속에서 자유를 찾고자 했으나 오히려 그 무게에 짓눌린 적이 있다. 그리고 지금 이 책을 읽고 있는 당신 역시, 크고 작은 돈의 문제 속에서 마음이 눌려 있을지도 모른다. 어떤 이는 미래의 경제적 불안을, 어떤 이는 당장의 빚과 책임을 견디며 하루하루를 버티고 있다.

● 돈의 양면성

나는 투자 현장에서 투자자의 돈을 관리하고 그들의 수익을 파악하면서 알게 된 사실이 있다. 거의 대부분의 사람이 수익이 나든 손실이 나든 마지막에는 돈으로 힘들어하고 고통스러워했다. 왜 돈은 처음에는 기쁨과 행복, 즐거움으로 다가오지만 결국에는 고통으로 끝나게 되는 것일까? 바로 돈으로 인한 행복이 잠깐일 뿐 마음을 채우지 못하기 때문이다.

행복에는 두 가지 종류가 있다. 하나는 부족한 게 채워질 때 느끼는 기쁨(Pleasure)이고, 다른 하나는 마음이 편안할 때 오는 평안(Contentment)이다. 돈은 처음에 행복의 모습으로 다가온다. 배고픔을 해결하고, 불편함을 줄이며, 필요한 것을 마련할 수 있다. 그래서 잠시 기쁘고 만족한다. 하지만 오래 지속되지는 않는다. 왜냐하면 돈이 겉으로 드러난 부족은 채워 주지만 마음의 공허함을 채워 줄 수는 없기 때문이다.

게오르그 짐멜은 "돈은 결핍을 채워 주는 도구지만, 인간의 내면적 행복까지는 제공하지 못한다"라고 지적했다. 돈이 외적인 부족함은 메울 수 있어도 내면의 공허함은 채워 줄 수 없는 것이다. 사랑받고자 하는 욕구, 인정받고자 하는 마음, 그리고 삶의 의미를 찾고자 하는 갈망은 돈을 통해 얻을 수 없다. 그럼에도 사람들은 자꾸 더 많이 돈을 벌어 빈자리를 메우려 한다.

그럴수록 더 많은 돈을 소유하고 싶은 인간의 욕망은 커져만 간다. 돈은 무한한 욕망을 자극한다. 인간은 아무리 채워도 비어 있는 그릇과 같다. 욕망을 채우려 할수록 그릇은 더 비어 보이고, 결국 만족 대신 허무를 마주하게 된다. 이것이 바로 돈이 처음에는 즐거움으로 다가오지만 결국 고통으로 끝나는 근본 이유이다.

나 역시 가난했던 어린 시절의 상처를 채우기 위해 오랫동안 돈을 많이 벌자는 일념으로 살아왔다. 돈만 충분히 가지면 모든 문제가 해결될 것이라 믿었고, 행복도 자연스럽게 따라올 것이라 생각했다.

어린 시절부터 개척 교회 목사의 자녀로 자라며 겪었던 빈곤과 결핍, 그리고 그로 인한 억울함은 내 안에 깊은 피해 의식과 보상 심리를 남겼다. 가난은 단순한 부족이 아니라 존재의 열등감으로 각인되었다. 그 상처를 이겨 내기 위해 성공을 꿈꾸었고, 남들보다 높아지고 싶었으며, 세상이 인정하는 삶을 살고자 했다.

그 열망은 나를 해외 유학으로 이끌었고, MBA 과정을 마친 뒤 대기업과 금융업계로 진출하게 만들었다. 돈과 성취를 통해 자신을 증명하고자 하는 마음이 내 진로의 방향을 결정했다. 나는 자산운용사에서 일하며 투자와 자산 관리에 몰두했고, 성과가 높아질수록 명성과 연봉도 함께 올랐다.

그러나 그 성공의 곡선이 올라갈수록 내 마음의 욕망도 함께 팽창하였다. 더 많이 벌고, 더 높이 오르고, 더 강하게 인정받고 싶다는 마음은 결국 나를 삼켜 버렸다. 처음에는 단지 열심히 일하는 것이라 합리화했지만 점차 그 욕망은 거짓과 위선, 그리고 부정한 방법조차 스스로 허용하게 만드는 위험한 방향으로 흘러갔다.

그때 나는 이미 돈의 주인이 아니라 돈의 종이 되어 있었다. 결국 탐심의 끝은 무너짐이었다. 한순간의 잘못된 판단으로 투자자들에게 막대한 손실을 끼쳤고, 수십억 원에 달하는 손해배상 책임이 내게 돌아왔다. 마치 발목까지 잠기던 진흙탕이 천천히 허리와 가슴을 넘어 얼굴까지 차오르듯, 나는 내 욕망이 만든 진흙 속에서 서서히 질식해 갔다.

가난이 남긴 상처를 돈으로 해결하겠다는 집착, 없음에서 비롯된 열등감과 천대의 기억을 돈으로 지워 보겠다는 헛된 시도는 결국 나를 더 큰 공허로 몰아넣었다. 돈이 많아질수록 마음은 더욱 비어 갔고, 돈으로 채워질수록 허무가 커져만 갔다.

● 상처에 덧입히는 은혜

돈은 단순한 거래의 수단이 아니라 인간의 내면과 깊이 연결된 상징적 존재이다. 그만큼 돈은 사람의 마음에 상처를 남기고, 때로는 그 상처를 더 깊게 파고든다. 누구도 이 문제에서 완전히 자유로울 수 없다. 남자든 여자든, 젊은이든 노인이든, 부자든 빈자든, 자수성가한 기업가든 평범한 직장인이든, 심지어 신앙을 가진 사람일지라도, 돈의 상처 앞에서는 예외가 없다.

정도의 차이는 있을지라도 모든 인간은 돈과 얽힌 기억 속에서 크고 작은 흔적을 품고 살아간다. 예를 들어 어떤 이는 가난했던 어린 시절의 기억 때문에 지금도 돈이 조금만 부족해도 불안해지고 스스로를 무가치하게 느낀다. 또 어떤 이는 돈으로 성공을 증명하려 하지만, 그 성공이 일시적임을 깨닫는 순간 깊은 공허와 허무에 빠진다. 혹은 재정적 실패를 경험한 사람이 자신을 무능한 사람으로 규정짓고 그 후로는 돈에 대한 두려움과 죄책감을 동시에 느끼기도 한다.

가난했던 사람은 돈을 '없어서 괴로웠던 존재'로 기억하고, 부유한 사람은 돈을 '있어서 불안했던 존재'로 경험한다. 이처럼 돈의 상처는 양극단 모두에게 존재한다. 가난은 결핍의 상처를 남기고, 부는 불안의 상처를 남긴다. 심지어 신앙을 가진 사람조차 '하나님보다 돈을 더 의지하고 있지는 않은가'라는 내면의 갈등 속에서 자유롭지 못하다.

이 모든 사례는 한 가지 공통점을 가진다. 돈을 통해 자신이 얼마나 가치 있는 사람인지를 확인하려는 것이다. 그러나 돈으로는 결코 인간의 존재를 증명할 수도 온전하게 할 수도 없다. 따라서 돈의 상처를 치유한다는 것은 단순히 재정 문제를 해결하는 일이 아니다. 그것은 돈에서 자유함을 얻게 하는 영적 회복의 과정이다.

이 회복은 단번에 이루어지지 않는다. 오랜 시간 마음에 쌓여온 상처를 직면하고, 그 속에 숨어 있던 두려움과 욕망, 열등감과 자책을 정직하게 바라보는 것에서부터 시작된다. 이제 우리는 돈과의 왜곡된 관계를 직면해야 한다. 돈을 추종하거나 회피하거나 미워하는 것이 아니라 그 속에서 나의 상처를 발견하고, 그 상처 위에 하나님의 은혜를 덧입히는 것이 진정한 치유이다.

2.

마주하고
치유하기

Shalom Finance

　현대 사회를 살아가는 우리 모두 크고 작은 '돈의 상처'를 안고 있다. 이는 삶의 태도와도 깊이 연결되어 있다. 많은 사람이 돈을 통해 사랑을 확인하고, 자존감을 평가하며, 때로는 존재의 가치를 증명하려 한다. 그 과정에서 비교당하고, 스스로를 깎아내리는 일도 비일비재하다. 돈이 남긴 흔적을 들여다보면서 나에게는 어떤 상처가 있는지, 치유의 실마리를 찾아보고자 한다. 아주 특별한 경우를 제외한다면 돈으로 인한 상처의 유형은 크게 네 가지로 구분해 볼 수 있다.

　● **상처의 네 가지 유형**

　첫째로 결핍형이다.

늘 부족하다고 여기는 마음의 상처다. 이 유형은 어린 시절의 가난, 혹은 지속적인 결핍의 경험에서 비롯된다. 나 역시 이 유형이었다. 결핍형의 사람은 돈이 조금만 부족해도 불안해하며, 재정의 안정보다 '안정에 대한 집착' 속에서 살아간다. 돈이 단순한 수단이 아니라 존재의 안전망이 되어 버린 것이다.

결핍형 상처를 가진 이들의 내면에는, 가진 것이 없으면 나는 사랑받을 수 없다는 믿음이 자리한다. 그들의 불안은 자기 가치감의 부재에서 나온다. '없음'은 단순한 재정 상태가 아니라 '존재의 결핍'으로 인식된다.

이런 상처는 '하나님이 나의 공급자'이심을 깨닫고 신뢰할 때 회복된다. "너희 하늘 아버지께서 이 모든 것이 너희에게 있어야 할 줄을 아시느니라"(마 6:32) 이 말씀은 결핍의 불안을 신뢰의 평안으로 바꾸는 치유의 말씀이다. 결핍의 기억을 지우려 하기보다 그 기억 위에 하나님의 채움의 은혜를 덧입히는 것이 회복의 첫걸음이다.

둘째로 불안형이다.

가지고 있는 만큼 불안한 소유의 상처다. 불안형은 돈을 이미 가지고 있음에도 평안을 누리지 못한다. 애써 모은 돈이 사라질까 봐, 누군가 자신보다 더 많은 것을 가질까 봐, 항상 긴장과 두려움 속에 산다. 그들의 마음은 지금 가진 것으로 충분하지 않다는 불안으로 묶여 있다.

이 불안은 통제욕과 완벽주의에서 비롯된다. 돈이 자신의 삶을 통제할 수 있다고 믿기에, 돈이 흔들리면 존재 전체가 흔들리는 것이다. 불안형의 회복은 '주권의 인정'에서 시작된다. "주신 이도 여호와시요 거두신 이도 여호와시오니 여호와의 이름이 찬송을 받으실지니이다"(욥 1:21) 욥의 고백은 통제하려는 마음을 내려놓고 하나님께 삶의 주권을 돌려드리는 회복의 선언이다. 돈을 붙잡을수록 불안은 커지고, 맡길수록 평안은 깊어진다. 이 치유는 '갖는 법'이 아니라 '놓는 법'을 배우는 과정이다.

셋째로 비교형이다.

다른 사람보다 덜 가졌다고 여기는 열등의 상처다. 비교형의 사람은 타인의 재정 상태, 사회적 지위, 소비 수준을 끊임없이 의식한다. 돈은 단순한 생활의 도구가 아니라 자신의 존재 가치를 입증하는 기준이 되어 버린다. 그 결과 타인의 부를 부러워하거나, 자신의 부족을 부끄러워하며 마음의 평화를 잃는다.

이 상처는 사회적 비교를 통해 정체성을 확립하려는 '외부 의존적 자아'에서 비롯된다. 자신의 가치 판단이 내면이 아니라 타인에게 의존되어 있기 때문이다. 비교의 굴레를 끊는 길은 하나님 안에서의 자기 동일성을 회복하는 데 있다.

"너는 내 것이라"(사 43:1) 이스라엘 백성에게 주어졌던 이 말씀은 존재의 근원을 타인에게서가 아니라 하나님에게서 찾는 선언이다. 잘났거나 못났거나 우리는 모두 하나님께 속해 있다. 이 사실을 알고 비교의 시선을 멈출 때, 비로소 존재의 평안이 시작된다. 비교는 결핍을 낳지만 감사는 충만을 낳는다.

넷째로 죄책형이다.

돈 앞에서 실패한 자신을 탓하는 부끄러움의 상처다. 죄책형은 과거의 재정적 실수나 부정한 경험, 혹은 돈을 다루며 생긴 타인에 대한 상처로 인해 '나는 돈 앞에서 자격이 없다'는 깊은 죄책감에 사로잡혀 있다. 그들은 돈을 쓰는 것조차 두려워하고, 자신의 실패를 끊임없이 되새긴다.

이 유형의 핵심 문제는 도덕적 자책감이 존재의 수치감으로 변한 것이다. 그들은 행동의 잘못을 넘어서 나는 잘못된 사람이라는 자기부정으로 빠진다. 이 상처의 회복은 '용서의 수용'에서 시작된다. 사도 요한은 "만일 우리가 우리 죄를 자백하면 그는 미쁘시고 의로우사 우리 죄를 사하시며 우리를 모든 불의에서 깨끗하게 하실 것이요"(요일 1:9)라고 말했다.

하나님의 용서는 단지 죄의 사면이 아니라 존재의 회복이다. 돈 앞에서의 실패는 인생의 끝이 아니라, 하나님이 새롭게 시작하게 하시는 은혜의 출발점이 된다. 죄책형의 회복은 과거의 실패를 인정하되, 그 위에 하나님의 회복 서사를 다시 써 내려가는 과정이다.

● 존재의 질서가 회복되면

모든 돈의 상처에는 공통된 뿌리가 존재한다. 그것은 돈으로 나의 가치를 증명하려는 마음이다. 이 마음이 바뀌지 않는 한, 돈의 상처는 형태만 달리하여 계속 반복된다. 따라서 진정한 치유는 재정 문제의 해결이 아니라 존재의 질서 회복이다. 즉 돈의 자리를 제대로 놓아 내면의 질서와 신앙의 중심이 새로 세워지는 과정을 밟는 것이다. 그 과정은 인식, 회개, 신뢰, 회복의 네 단계를 통해 완성된다.

1단계는 인식이다.

내 안의 상처를 솔직히 바라보는 용기를 내는 것이다. 치유의 첫걸음은 문제를 해결하려는 행동이 아니라, 자신의 상처를 직면하는 인식에서 시작된다. 많은 사람이 돈과 관련된 자신의 불안, 열등감, 죄책감의 감정을 알고도 외면한다. 그러나 스스로 외면한 상처는 결코 치유되지도 사라지지도 않는다. 그것은 억눌린 채 내면 깊은 곳에서 다시 욕망과 두려움으로 모습을 바꾼다.

따라서 정직하게 자신을 직시하는 인식의 시간을 가져야 한다. 나는 왜 돈을 두려워하는지, 왜 돈이 부족하면 불안해지고 많으면 교만해지는지 그 원인을 다른 사람이나 사회 탓으로 돌리지 말고 자신의 내면에서 찾아야 한다. 이런 과정은 스스로에게 불편함을 줄 수 있다. 외면하고 싶은 자신을 마주해야 하기 때문이다. 하지만 진정한 인식은 자기 연민이 아니라 진실 앞에 서려는 영혼의 결단이다. 이 정직함이 회복의 문을 연다.

2단계는 회개이다.

돈이 주인 자리에 있었음을 회개하고 내려놓는 것이다. 회개는 방향의 전환이다. 회개는 단순히 "잘못했습니다" 하고 말하는 감정적 후회가 아니다. 그것은 내 삶의 중심을 하나님이 아닌 돈에 두었던 질서의 뒤집힘을 인정하고, 그 자리를 다시 하나님께 돌려드리는 결단이다.

많은 사람이 돈을 사랑하지 않는다고 말하지만 실제로 그들의 불안, 욕망, 그리고 삶 속 순간순간의 결정은 돈의 방향으로 움직인다. 이것이 바로 마음의 주인이 바뀐 상태이다. 회개란 그 사실을 인정하고 돌이키는 데서 시작된다.

돈은 하나님이 주신 선한 도구이지만, 그 도구가 주인의 자리에 앉는 순간 인간은 피조물의 한계를 잊고 스스로 신이 되려 한다. 회개는 바로 그 자리에서 내려오는 행위다. 하나님보다 돈을 더 신뢰했던 마음, 돈으로 안전을 확보하려 했던 습관을 내려놓을 때 비로소 인간은 자유의 문턱에 선다.

3단계는 신뢰이다.

하나님이 인생의 공급자이심을 믿는 것이다. 인식과 회개가 과거의 문제를 정리하는 과정이라면, 신뢰는 현재의 삶을 세우는 토대이다.

돈의 상처를 가진 사람은 대부분 불신의 상처를 함께 가지고 있다. 하나님이 나의 필요를 채우실 것이라는 믿음이 흔들릴 때, 인간은 스스로의 힘으로 삶을 지탱하려 한다. 그러나 그 순간 신앙은 두려움으로, 노동은 불안으로 변한다.

신뢰는 단순한 낙관이 아니다. 그것은 하나님이 나의 공급자이심을 실질적으로 인정하는 행위이다. 때로는 덜 가지는 결단 속에서, 때로는 흘러보내는 순종 속에서 그 신뢰가 실제로 자란다. 신뢰의 삶은 계산보다 평안을, 소유보다 자유를 낳는다. 그 믿음 안에서 인간은 돈을 통제하지 않고도 다스릴 수 있는 힘을 얻게 된다. 이 단계에서 돈은 더 이상 불안의 근원이 아니라 감사의 통로가 된다.

4단계는 회복이다.

돈을 흘려보내며 사명을 이루는 삶으로 나아가는 것이다. 회복은 단순히 상처가 아물었다는 의미가 아니다. 그것은 새로운 방향으로 재구성된 삶을 뜻한다. 이 단계에서 돈은 더 이상 나를 위한 안전망이 아니라 하나님 나라를 위한 도구로 전환된다.

회복된 사람은 돈을 움켜쥐지 않는다. 그는 돈을 흘려보내며, 나눔 속에서 더 큰 자유를 경험한다. 돈이 흘러갈 때 그 흐름 속에 하나님의 은혜도 함께 흐른다. 나의 재정이 다른 사람의 삶을 세우고, 나의 나눔이 하나님의 뜻을 드러낼 때 비로소 돈은 상처의 사명이 된다.

돈의 상처를 치유한다는 것은 단지 마음의 평안을 얻거나, 재정의 균형을 되찾는 일이 아니다. 그것은 인간 존재의 질서를 다시 세우는 일이다. 따라서 진정한 치유는 돈을 초월하는 것이 아니라, 돈을 제자리에 두는 일이다. 하나님이 주인이시고, 인간은 청지기이며, 돈은 사명을 위한 자원임을 분명히 할 때 비로소 인간은 돈으로부터 자유로워진다. 그때 돈은 더 이상 나를 흔드는 세속의 힘이 아니라 하나님의 사랑을 드러내는 은혜의 통로로 변화된다.

우리는 돈에 대한 상처와 아픈 흔적들을 회복하여 질서를 바로 세워야 한다. 내 안에 있는 돈에 대한 아픔과 고통을 다루는 것이 청지기로서 가장 먼저 해결해야 할 중요한 요소다. 만약 이 부분이 치유되지 않은 채 지금처럼 계속 돈을 다룬다면, 그 자리에서 또 쉽게 넘어질 수밖에 없다. 치유는 계속 점검해야 한다. 그리할 때 우리는 돈의 자유를 얻게 된다. 결국 하나님과 나, 돈의 자리를 바로 세울 수 있다.

3

가난의 재발견, 축복으로 읽는 결핍

Shalom Finance

이쯤에서 한번 가난에 대해 생각해 보아야 한다. 가난이란 무엇인가? 단순히 돈이 없다는 의미인가 아니면 그 이상의 의미가 있는가? 우리는 흔히 가난을 물질적 결핍으로만 이해하지만, 가난은 단순한 부족을 넘어 인간의 마음과 영혼의 상태와도 깊이 연결되어 있다. 따라서 이와 연결된 문제를 근본적으로 치유하기 위해서는 가난에 대한 올바른 이해를 세우는 것이 필요하다. 그리고 그 바른 인식 위에서 가난을 이겨 내기 위한 신앙적 노력을 함께 모색해야 한다.

● 물질적 가난과 정신적 가난

가난에는 두 가지 차원이 존재한다. 하나는 눈에 보이는 물질적 가난이고, 다른 하나는 눈에 보이지 않는 정신적 가난이다.

물질적 가난은 재물이나 소유가 부족한 상태를 의미한다. 예컨대 하루 벌어 하루를 살아가는 노동자의 삶이나, 당장 약값조차 감당하지 못하는 현실은 물질적 가난의 전형적인 모습이다. 그러나 그보다 더 본질적인 것은 정신적 가난이다. 마음이 늘 궁핍하고 여유가 없는 사람은 아무리 많은 재산을 가지고 있어도 항상 부족함을 느끼며 살아간다. 수십억의 자산가가 더 가지지 못해 불안해하거나, 끊임없이 불만족하는 모습이 바로 그러한 예이다.

반대로 물질은 부족하더라도 마음이 넉넉한 사람의 삶은 참으로 풍요로울 수 있다. 내가 교회에서 만난 한 장로님이 그 좋은 예이다. 그는 세상적으로 큰 재산을 가진 사람은 아니었지만 언제나 웃음을 잃지 않았고 가진 것을 기쁘게 나누는 사람이었다. 감사와 배려가 그의 일상이었으며, 그의 삶은 물질의 크기보다 마음의 넉넉함이 참된 풍요를 가져다준다는 사실을 잘 보여주었다.

결국 진정한 풍요는 소유에서 오는 것이 아니라 마음의 만족과 여유에서 비롯된다. 정신의 풍요가 자리를 잡을 때, 비로소 물질의 풍요 또한 의미 있게 느껴진다. 따라서 우리는 정신적 가난을 새롭게 정립해야 한다.

예수 그리스도를 믿는 순간, 우리는 단순히 종교적 신분을 얻는 것이 아니라 하나님의 자녀로 입양되는 은혜를 누리게 된다. "영접하는 자 곧 그 이름을 믿는 자들에게는 하나님의 자녀가 되는 권세를 주셨으니"(요 1:12) 하나님은 온 우주를 창조한 전능하신 아버지이시며 그분이 우리의 아버지가 되신다는 사실은 우리를 근본적으로 변화시킨다. 우리는 이미 은혜 안에서 하늘의 기업을 소유한 부요한 자로 살아가고 있는 것이다.

신학자 디트리히 본회퍼(Dietrich Bonhoeffer)는 "예수님을 따르는 길은 세상적 풍요가 아닌 하나님 안에서의 가난을 받아들이는 것"이라고 말했다. 이때의 가난은 단순히 돈이 없는 상태를 뜻하지 않는다. 오히려 세상의 성공과 소유보다 하나님을 더 신뢰하고 의지하는 태도, 즉 하나님 안에서의 풍요를 의미한다. 세상 기준으로는 부족해 보일지라도 하나님 안에서는 이미 넉넉한 존재라는 확신이 바로 믿음의 본질이다.

성경은 가난을 단순한 소유의 부족으로 보지 않는다. 오히려 하나님 앞에서 어떤 자세로 서 있느냐의 문제로 다룬다. 가진 것이 없다고 절망할 필요가 없다. 지금의 결핍은 영원하지 않으며, 믿음의 눈으로 바라볼 때 하나님께서 반드시 그분의 때에 채워 주심을 확신할 수 있다. 광야에서 만나를 내려 주신 하나님, 까마귀를 통해 엘리야에게 양식을 공급하신 하나님은 오늘도 우리의 필요를 아시는 분이다.

어릴 적 나의 부모님은 지하에서 교회를 개척했다. 성도도, 헌금도, 재정적 여력도 없는 형편이었다. 월세조차 내기 어려운 시절이었지만, 하나님은 언제나 때에 맞게 채워 주셨다. 월세 납부일이 다가오면 뜻밖의 도움의 손길이 찾아왔고, 쌀이 떨어지면 이름 모를 누군가가 문 앞에 쌀자루를 두고 갔다. 교회가 운영 불가능해 보이는 순간마다 하나님은 마치 광야의 만나처럼, 엘리야에게 보내신 까마귀처럼, 신기하게도 필요한 것을 공급하셨다. 그 경험은 교회의 주인은 하나님이시며, 우리의 삶을 붙드시고 채우시는 분이 오직 하나님이라는 사실을 뿌리 깊이 깨닫게 했다.

그럼에도 불편한 마음이 드는 이유는 세상의 현실 때문이다. 그리스도인은 하늘나라를 소망하며 살아가지만 동시에 자본의 논리가 지배하는 세상 안에 존재한다. 이 세상에서는 돈이 곧 힘이며, 부의 축적이 최고의 가치로 여겨진다. 이러한 구조 속에서 그리스도인들도 쉽게 영향을 받는다. 하늘나라를 바라보면서도 더 많은 소유를 원하고, 상대적 빈곤감에 시달리는 것이다. 이러한 욕망은 돈을 사랑하게 만들고 그 결과 돈의 지배 아래 놓이게 된다.

바로 그때가 가난한 마음을 회복해야 할 순간이다. 앞에서 언급했듯 돈의 자유는 세상 모든 것의 주인은 오직 하나님이시라는 진리를 깨달을 때 주어진다. 인간은 주인의 소유 안에서만 참된 만족을 누릴 수 있다. 많으면 감사하고, 적으면 더 감사할 수 있는 마음. 이것이 신앙인이 가진 '스스로 만족'의 힘이다. 이 만족은 단순한 체념이 아니라 하나님을 신뢰함으로 얻는 내면의 평안이다.

● 게으른 가난과 성실한 가난

성경은 가난을 게으른 가난과 성실한 가난으로 구분한다. 게으른 가난은 말씀에 순종하지 않고 일하기를 싫어하는 욕망에서 비롯된다. 그 결과 이웃에게 미움을 받고, 도움을 구해도 얻지 못하며, 스스로의 게으름 속에서 끝없는 고난을 겪는다. 성경은 이러한 가난을 어리석음으로 단호히 책망한다.

반면 성실한 가난은 부지런히 일하며 신앙 안에서 주신 소유에 만족하는 삶이다. 이 가난은 부지런함과 감사 속에 하나님의 영광을 드러낸다. '스스로 만족'하는 삶이 바로 여기에 속한다. 이러한 가난은 세상이 말하는 부정적 의미가 아니다. 스스로 만족하는 가난은 기쁨과 만족이다.

이러한 자에게 하나님은 천국을 약속하신다. "심령이 가난한 자는 복이 있나니 천국이 그들의 것임이요"(마 5:3) 헬라어 성경에서 가난은 두 가지 단어로 표현된다. 페네스(πένης)는 하루 벌어 하루를 먹는 상태 곧 저축이 없는 가난을 뜻하고, 프토코스(πτωχός)는 절대적인 궁핍 곧 외부의 도움 없이는 살아갈 수 없는 상태를 가리킨다.

마태복음에서 말하는 가난은 '프토코스'이다. 하나님의 은혜 없이는 살아갈 수 없는 것이다. 심령이 가난한 자는 자신의 죄와 무능을 깨닫고 전적으로 하나님의 자비를 구하는 사람이다. 이때 비로소 참된 은혜가 임하며 그 마음은 겸손과 감사로 채워진다. 스스로 만족하며 성실하게 사는 심령의 가난은 하나님이 주시는 가장 귀한 선물이다.

나 역시 가난한 마음을 깊이 배우게 된 사건이 있었다. 셋째 아들이 태어난 지 한 달쯤 되었을 때, 원인을 알 수 없는 고열로 입원하게 되었다. 열은 좀처럼 내리지 않다가 결국 41.6도까지 치솟았다. 핏덩이 아이를 안았는데 눈동자가 돌아가는 모습을 지켜보는 것은 이루 말할 수 없는 고통이었다. 몇 달 동안 병원 생활은 이어졌고 아이는 아픔과 싸우며 버텼다. 부모로서 할 수 있는 것이 아무것도 없다는 무력감에 눈물로 밤을 지새웠다.

설상가상으로 세 번의 정밀 검사 결과, 의사는 아이의 귀가 들리지 않는다는 소견을 전했다. 원인 모를 병에도 간신히 버텨 온 나는 아이의 청력 손상이라는 절망적인 통보에 무너지고 말았다. 깊은 절망 속에서 하나님께 우리 아이를 살려 달라고 부르 짖었다. 간절하게 울며 기도했다.

한 시간, 두 시간, 그렇게 엎드려 기도하며 깊이 하나님을 만나게 되었다. 내 안에 회개가 터져 나오며 지금까지 지었던 죄를 고백하고 나의 교만과 욕심을 내려놓으며 하나님을 의지하기로 마음먹었다. 그러자 자연스레 감사 기도가 흘러나오며 주님을 신뢰하게 되었다. 지나온 고통의 시간은 하나님 앞에서 낮아지고 진정으로 가난한 심령을 배우는 은혜의 기회가 되었다.

하나님의 자녀는 모든 일과 소유를 가난한 마음으로 바라보아야 한다. 이 마음의 가난은 하나님을 더 깊이 알게 하는 통로이며, 우리를 겸손하게 하고 순종하게 만든다. 이러한 사람은 어떤 일을 이루더라도 "다 하나님이 하셨습니다"라고 고백한다. 스스로를 자랑하지 않고, 수고와 봉사조차도 하나님의 은혜라 말한다. 작은 일에도 감사하며, 그리스도와의 친밀한 교제 속에서 만족을 누리고, 이웃을 사랑으로 섬긴다.

결국 스스로 만족하는 가난, 곧 심령의 가난으로 살아갈 때 우리는 재물의 많고 적음에 상관없이 하나님의 복을 누리게 된다. 이 땅에서도 천국을 경험하며, 하나님이 주시는 기업을 받아 누리는 것이다. 하나님이 주시는 것은 단순한 돈이 아니다. 그분은 스스로 만족하는 자에게 지혜와 평강, 건강, 위로, 구원의 은혜를 풍성히 베푸신다.

4.

Shalom Finance

심령이 가난한 자로 마음을 무장한 사람은 돈의 유혹 앞에서
도 자유할 수 있다. 그러나 그 무장이 풀리는 순간, 욕심은 조용
히 틈을 비집고 들어온다. 그리고 그 끝은 언제나 가난, 그것도
더 깊고 치명적인 형태의 가난으로 귀결된다. 이번 장에서는 더
가지려다 오히려 잃어버린 이들의 이야기를 통해 욕심이 어떻게
가난을 만들어 내는지 그 본질을 살펴본다.

● 영적 실체, 헛되고 헛되다

월급날이면 잠시 지갑이 무거워진다. 그러나 통장을 열어 보
는 순간, 마음은 금세 가벼워진다. 들어왔다가 순식간에 사라져
버린 숫자들, 한 달 내내 일했는데도 남은 것은 다음 달 카드값

걱정뿐이다. 점심값을 아끼고, 새 옷을 참으며, 커피 한 잔도 줄여 보지만 이상하게 늘 모자라다. 결국 다시 한숨이 나온다.

이 허전함을 달래기 위해 좋은 식당을 찾고, 기분 전환을 위해 영화 한 편을 보고, 새 옷과 신발을 구입한다. 잠시 동안은 마음이 채워지는 듯하지만 그 만족은 오래가지 않는다. 익숙함이 찾아오면 또 다른 무언가가 필요해진다. '없어서 불행하고, 가져도 불안한' 이 마음의 정체는 결국 소유의 문제가 아니라 욕심의 문제, 곧 끝없는 불만족의 구조에서 비롯된다.

이 문제는 경제학에서도 오래전부터 다루어져 왔다. 영국 경제학자 라이오넬 로빈스(Lionel Robbins)는 경제학을 "희소한 자원을 서로 다른 용도 사이에 배분하려는 인간 행동을 연구하는 학문"이라 정의했다. 인간의 욕망은 무한하지만 자원은 유한하다. 따라서 우리는 언제나 선택해야 하며, 그 선택에는 반드시 우선순위가 필요하다.

그 우선순위가 잘못될 때 욕망은 끝없이 팽창한다. '한계효용 체감의 법칙'이 이를 잘 설명한다. 이를 수학적으로 확장시킨 경제학자 윌리엄 제번스(William S. Jevons)는 "추가로 얻는 한 단위의 만족은 점점 줄어든다"고 말했다. 콜라의 첫 모금은 꿀맛이지만 세 번째 캔은 더 이상 즐겁지 않은 것처럼, 인간의 욕망은 충족될수록 만족이 줄어드는 구조를 갖는다. 결국 더 많이 가져도 행복이 늘지 않고, 오히려 불안과 허기만 커지는 것이다.

솔로몬의 탄식은 이러한 인간의 욕망 구조와 맞닿아 있다. "헛되고 헛되며 헛되고 헛되니 모든 것이 헛되도다"(전 1:2) 그는 왕으로서 가질 수 있는 모든 것을 소유하고, 누릴 수 있는 모든 것을 누렸다. 지혜, 쾌락, 건축, 부, 명예, 수많은 여인들까지 모두다. 그는 세상에서 가능한 모든 만족을 경험했다.

그러나 그 마음은 여전히 결핍되었다. 그가 말하는 '헛됨'은 단순한 허무감이 아니라 하나님 없이 추구한 모든 욕망의 끝이 공허하다는 선언이다. 인간이 세상의 부와 소유로 자신을 채우려 할수록 영혼은 오히려 더 비어 가며, 하나님을 향한 갈망만 커진다.

성경은 욕망에 대해 반복적으로 경고한다. 열왕기하 5장에는 엘리사의 종 게하시의 이야기가 등장한다. 나아만 장군이 나병에서 치유받은 뒤 예물을 가져왔을 때 엘리사는 그것을 거절했다. 하지만 게하시는 나아만을 뒤쫓아 가 예물을 몰래 받아 냈다. 조금 더 가지면 좋겠다는 욕망이 그의 마음을 사로잡았기 때문이다.

게하시는 "여호와께서 살아 계심을 두고 맹세하노니"(왕하 5:20)라는 거룩한 언어로 자신의 욕망을 포장했고, 엘리사의 이름을 사칭하여 거짓말까지 더했다. 그러나 그 순간, 그는 하나님의 선지자 곁에 있으면서도 하나님의 마음을 잃어버렸다. 결국 탐심의 대가로 나아만의 나병을 그대로 물려받는 심판을 받았다. 그는 재물을 얻었으나 건강과 명예, 그리고 사명의 길까지 잃었다. 욕심은 결국 가난을 만드는 길이었다.

● 욕심의 보편성

예수님 시대에도 이런 문제는 있었다. 하루는 구원에 관심이 있던 한 부자 청년이 예수님을 찾아왔다. 그는 율법과 종교적 의무를 철저히 지켜 왔는데, 안타깝게도 "네 소유를 팔아 가난한 자들에게 주라"(마 19:21)라는 예수님의 말씀을 듣고는 근심하며 돌아가 버렸다. 그가 근심한 이유는 단순히 재산이 많아서가 아니라 그 재산이 곧 자기 자신이었기 때문이다. 돈은 그에게 단순한 소유가 아니라 존재의 증거이자 정체성의 근거였다.

이런 욕심은 세상뿐 아니라 교회 안에서도 발견된다. 어느 교회는 건물 확장과 내부 프로그램에만 몰두한 나머지, 지역사회의 가난한 이웃을 외면했다. 십일조와 헌금이 넘쳐 재정은 쌓이는데, 그 재정을 이웃 섬김보다 화려한 시설과 자기 편의를 위해 사용하고 나머지는 축적하기만 했다. 결국 교회는 겉으로는 부유했지만 복음의 능력은 사라지고 성도들의 마음은 메말라 갔다. 하나님께서 교회에 맡기신 사명은 섬김과 나눔인데 욕심은 그 길을 차단했다. 그 결과 교회는 부는 얻었지만 은혜는 잃었다.

나 역시 마찬가지다. 돈을 공부하고 돈을 가르쳐 온 나도 때때로 어리석은 욕심에 빠진다. MBA 유학 시절 더 많은 장학금을 받겠다는 욕심으로 밤을 새워 논문을 붙잡았다. 그러나 그럴수록 글은 오히려 꼬였고, 교수에게는 수차례 수정 지시를 받았다. 결국 기한을 놓친 끝에 재등록 비용을 내야 했고 과로로 병원에 입원까지 했다. '조금만 더'라는 욕심이 오히려 시간과 건강, 기회를 동시에 빼앗아 간 셈이었다.

욕심은 세 가지 결과를 낳는다. 하나, 안전의 착각이다. 돈만 있으면 안전하다고 믿지만, 그것은 언제든 무너질 수 있는 모래성이다. 둘, 정체성의 혼란이다. 돈이 나를 증명한다고 착각하면서 하나님이 주신 참된 이름과 가치를 잃어버린다. 셋, 자유의 상실이다. 더 가지려는 집착이 오히려 마음을 묶고 하나님 나라의 자유를 빼앗아 간다.

🟡 비워진 자의 이름

욕심을 내려놓고 하나님을 의지하는 삶에는 실제적인 열매가 따른다. 예를 들어 빌 게이츠(Bill Gates)는 더 큰 부를 쌓는 대신 빌 앤 멀린다 게이츠 재단을 설립해서 전 세계 보건과 교육 사업을 위해 헌신했다. 그는 지금까지 약 590억 달러(한화 약 80조 원 이상)를 기부하며 말라리아·소아마비 퇴치, 백신 보급, 빈곤 퇴치 등 인류 전체의 미래를 위해 자원을 흘려보냈다. 그의 헌신은 단순한 기부가 아니라, 욕심을 비운 자리에서 드러난 섬김의 부요였다.

링컨(Abraham Lincoln)은 "사람의 진정한 가치는 얼마나 많이 소유했는가가 아니라 가진 것을 어떻게 사용했는가에 달려 있다"라고 말했다. 이와 같이 욕심을 비운 사람의 삶에는 하나님의 풍성함이 머문다. "많은 재물보다 명예를 택할 것이요 은이나 금보다 은총을 더욱 택할 것이니라"(잠 22:1) 성경은 우리를 향해 재물이나 은금보다 명예와 은총을 택하라고 말한다. 히브리어로 '명예(שם, 셈)'는 이름을 뜻한다.

성경은 돈보다 하나님의 이름 안에서 세워진 정체성을 붙들라고 말한다. 우리가 예수 그리스도를 믿어 얻은 이름이 곧 '그리스도인'이라는 이름이다. 세상의 그 어떤 재물보다도 그리스도인이라는 이름이 더욱 귀한 보물이다. 그리고 은이나 금보다 하나님이 주시는 은총을 택하는 것이 선물이다. 하나님은 오늘도 우리에게 물으신다.

"네가 붙잡아야 할 것이 돈이냐 아니면 평안이냐?"

욕심은 채울수록 가난을 만들지만, 이름은 붙들수록 부요함을 만든다. 그러므로 더 많이 모으는 삶보다 그리스도인의 이름값을 지키는 삶이야말로 참된 지혜, 진정한 부요이다. 말은 쉽지만 결단은 어렵다. 내가 만약 그날의 부자 청년이었다면 어땠을까? 예수님의 시선 앞에서 자신의 재산과 정체성을 내려놓을 수 있었을까? 아니면 여전히 움켜쥔 채 발걸음을 돌렸을까? 이 질문은 오늘을 사는 우리 모두에게 여전히 살아 있는 도전이다.

5

돈을 사랑하는 마음을 해체하다

돈을 사랑하는 마음은 그리스도인이 평생 동안 직면해야 할 끊임없는 시험이자 반드시 통과해야 할 영적 과제이다. 돈의 양이 많아질수록 그에 비례하여 유혹 또한 커진다. 부나 소유의 크기와 상관없이, 인간은 언제나 그 유혹 앞에 쉽게 넘어질 수 있는 존재이다. 그렇다면 우리는 어떻게 돈을 사랑하게 만드는 시험을 견디며, 돈의 질서를 세울 수 있을까?

이 해답을 아는 사람은 이미 하나님께서 많은 재물을 맡기실 만한 자격을 갖춘 사람일 것이다. 왜냐하면 대부분의 사람은 돈을 사랑함으로 인해 수없이 실망하고, 넘어지고, 신앙의 중심을 잃기 때문이다.

● 무엇을 의미하는가?

그렇다면 구체적으로 '돈을 사랑한다'는 말은 무엇을 의미하는가? 대표적인 모습은 다음과 같다.

- 돈이 많으면 기분이 좋아진다.
- 쉽게 돈을 벌었다는 이야기에 관심이 쏠린다.
- 돈이 있으면 자신감이 생기고 어깨가 으쓱해진다.
- 돈이 없으면 불안하고 걱정이 된다.
- 모든 일을 돈과 연결 지어 생각한다.

이러한 모습들은 돈을 사랑하는 전형적인 형태이다. 나는 몇 가지나 해당되는가? 하나라도 해당된다고 해서 낙심할 필요는 없다. 중요한 것은 앞으로의 변화이다. 이제 우리는 이러한 항목들을 하나씩 내려놓는 훈련을 시작해야 한다. 각자 처한 상황과 형편에 맞게 돈을 사랑하지 않는 훈련에 돌입해야 한다.

결코 쉬운 과정은 아니다. 지금까지 몸에 밴 습관과 사고방식이 걸림돌이 되기 때문이다. 한 번에 모든 것을 버리기는 어렵지만, 반드시 이 과정을 통과해야 한다. 그래야만 돈에 마음을 빼앗기지 않고 올바른 삶과 믿음을 지킬 수 있다.

많은 이들이 묻는다. "돈을 수단으로 잘 사용하면 편리한데, 왜 돈을 사랑하면 안 됩니까?" 내가 대표로 있는 WFM 재정사역 연구소에서 성경적 재정 원리를 강의하거나 설교할 때 가장 자주 받는 질문이기도 하다.

다시 말하지만 돈 자체를 부정하는 것이 아니다. 돈을 잘 활용하고 사용하면 좋다. 도구로서 올바르게 사용할 때 돈은 문제가 되지 않는다. 돈 자체는 죄도 아니고, 악한 것도 아니며, 인격을 가진 존재도 아니다. 돈은 도구일 뿐이다. 돈을 돈으로만 다루면 아무런 문제가 발생하지 않는다. 교환과 저장 기능이라는 본래의 목적 안에서 사용할 때, 그것은 선한 도구가 된다. 문제는 언제나 돈을 다루는 인간의 태도에 있다.

하나님께서는 아담과 하와에게 모든 재화와 물질을 주시고 생육하고 번성할 것을 명하셨다(창 1:28). 그러나 그들은 하나님의 명령을 어기고 선악과를 따 먹음으로써 죄를 범하였다. 인간은 그 이후로 죄성을 가진 연약한 존재가 되었다. 누구나 자신의 과거를 돌아보면, 죄와 연약함으로 얼룩진 날들을 회개할 수밖에 없다. 역사 속에서도 돈은 사람을 넘어뜨리고, 다툼과 분열을 일으켜 왔다.

돈을 사랑하는 사람은 마치 돈이 인격체인 것처럼 대한다. 그들은 돈으로 무엇이든 할 수 있다고, 돈이 내 뜻을 이루어 준다고, 돈이 내 삶을 지켜 준다고 믿는다. 성경은 이러한 상태를 '미혹됨'이라 부른다. "돈을 사랑함이 일만 악의 뿌리가 되나니 이것을 탐내는 자들은 미혹을 받아 믿음에서 떠나 많은 근심으로써 자기를 찔렀도다"(딤전 6:10)

돈을 사랑함은 결국 미혹을 낳고, 모든 악의 근원이 된다. 이처럼 미혹된 사람은 돈 앞에서 눈이 멀고 판단이 흐려진다. 사람과 환경을 오직 돈을 벌기 위한 수단으로 삼으며 거짓과 불법도

거리낌 없이 행한다. 결국 돈이 사람보다 우선하게 된다.

여기서 반드시 짚고 넘어가야 할 중요한 사실이 있다. 그들은 사실상 돈을 '믿고' 있다는 점이다. 바로 이 지점에서 우리의 연약함은 우상숭배에 가닿는다. 그러나 그리스도인의 믿음은 오직 하나님 한 분께만 향해야 한다. 하나님 대신 돈을 신뢰하는 것은 매우 심각한 죄이다.

● 돈을 사랑하지 않는 원리

내가 처음 투자회사에 입사했을 때의 일이다. 오랫동안 꿈꿔온 회사였고, 간절히 바라던 직장이었다. 그러나 입사 후 얼마 지나지 않아 깊은 실망감이 찾아왔다. 투자 상품을 개발하고 고객을 유치하는 과정에서 거짓과 과장이 난무했기 때문이었다. 동료들은 서로 먼저 고객을 차지하기 위해 경쟁했고, 심지어 서로를 헐뜯고 짓밟기까지 했다.

그 모습을 보며 스스로 나는 예수 믿는 사람이니 저런 행동은 절대 하지 않겠다고 결심했다. 그러나 시간이 흐르자 상황은 달라졌다. 성과가 나고 고객이 늘어나면서 높은 연봉과 수당이 뒤따랐다. 많은 돈이 손에 들어오자 마음이 변하기 시작했다.

어느 날 한 고객에게 상품을 설명하던 자리에서 무의식적으로 사실이 아닌 수익률을 말하고 있는 자신을 발견했다. 순간, 입사 초기에 했던 다짐이 떠올랐다. '거짓으로는 일하지 않겠다.' 그러나 나는 이미 그 거짓 속에 들어와 있었다. 부끄러움에 고개를 들 수 없었다. 나는 크리스천이라 자부했지만 결국 돈을 사랑하는 사람이 되어 있었다. 하나님을 사랑한다고 고백했지만, 실제로는 돈을 더 사랑하고 사람을 수단으로 여기고 있었다.

그날 이후 나는 교회에 나가 무릎 꿇고 회개했다. 아침 출근 전에도, 퇴근 후에도 교회에 가서 이렇게 기도했다. "주님, 제가 돈을 사랑하지 않고 하나님만 사랑하기를 원합니다." 그 기도는 내 삶의 회복을 이끄는 첫걸음이 되었다. 그런 과정을 겪어 오며 알게 된 돈을 사랑하지 않기 위해 반드시 실천해야 할 세 가지 원리가 있다.

첫째, 돈을 번 다음에 주의 일을 하겠다는 생각을 버려야 한다. 돈을 많이 벌고 나서 선한 일을 하겠다는 사고는 세상의 논리이지, 하나님의 법칙과는 다르다. 하나님은 질서의 하나님이시다. 인간은 돈 다음에 섬김이라고 생각하지만, 하나님은 먼저 섬기는 자에게 맡기신다.

신앙의 원리는 '선 헌신, 후 공급'이다. 하나님의 일은 우리의 능력이나 재정으로 시작되는 것이 아니라 믿음과 순종으로 시작된다. 우리가 먼저 주의 일을 행할 때 하나님께서는 우리의 손에 자원을 맡기신다. 아브라함이 이삭을 드릴 때, 순종의 자리에서 준비된 숫양을 발견하게 하셨던 하나님은 오늘도 동일하게 역사하신다(창 22:13). 하나님 나라의 일은 언제나 헌신에서 시작되고 그 헌신에 필요한 모든 것을 하나님이 더하신다.

둘째, 돈이 적다고 해서 관리를 소홀히 해서는 안 된다. 하나님은 금액의 많고 적음보다 마음의 태도를 보신다. 성경은 "지극히 작은 것에 충성된 자는 큰 것에도 충성되고"(눅 16:10)라고 말한다. 적은 돈이라도 성실히 관리하고 바른 목적을 위해 사용할 때 하나님은 그 사람을 충성된 청지기로 세우신다.

예수님이 성전 헌금함 앞에서 사람들을 보셨을 때, 제자들은 부자의 많은 헌금을 주목했지만 주님은 단 두 렙돈을 드린 가난한 과부를 칭찬하셨다(눅 21:3). 그 이유는 양이 아니라 마음이었다. 그녀는 남은 돈이 아니라 삶 전부를 드렸다. 하나님은 바로 그 중심을 기뻐하신다.

우리의 재정이 적을수록 더 정직하게, 더 신중하게 다루어야 한다. 작은 지출에도 신앙의 기준을 세우고 하나님의 뜻에 따라 사용하려는 마음이 곧 예배다. 재정의 크기가 아닌 마음의 정직함이 하나님 앞에서의 신실함을 증명한다. 하나님은 그런 사람에게 더 큰일을 맡기신다. 결국 작은 돈을 성실히 다루는 훈련이, 하나님이 맡기실 더 큰 사명과 재정을 감당할 준비가 된다.

셋째, 많은 재물을 얻었다고 자랑해서는 안 된다. 부는 하나님께서 잠시 맡기신 도구일 뿐, 내 자랑의 근거가 될 수 없다. 하나님께서 우리에게 재물을 주신 이유는 그것을 흘려보내기 위함이다. 가난한 이웃을 돕고, 어려운 자를 위로하며, 복음을 전하는 일에 쓰일 때 그 재물은 거룩한 가치로 변한다. 이것이 바로 하늘에 보물을 쌓는 삶이다.

예수님은 말씀하셨다. "너희를 위하여 보물을 땅에 쌓아 두지 말라 … 오직 너희를 위하여 보물을 하늘에 쌓아 두라"(마 6:19~20) 재물은 쌓을수록 썩지만, 나눌수록 영원해진다. 하나님께서 맡기신 재물을 통해 누군가의 눈물을 닦아 주고, 선교의 길을 밝히며, 복음의 씨앗을 심는 자에게 하나님은 더 큰 은혜와 부요함으로 채우신다.

결국 돈을 사랑하지 않는 원리는 세 가지로 요약된다. 먼저 하나님 나라를 구하고, 작은 것에 충성하며, 주신 것을 흘려보내라. 그 길 끝에서 하나님은 우리의 재정을 넘어서 인생 전체를 풍요롭게 하신다. 그분의 손에 맡겨진 돈은 결코 사라지지 않고, 영원한 하늘의 기업으로 남게 된다.

그리스도인들은 돈을 사랑하는 마음을 반드시 내려놓아야 한다. 사랑의 대상은 결코 돈이 아니라 하나님 한 분뿐이다. 하나님을 첫째로 사랑할 때, 그분은 돈을 다스릴 수 있는 지혜와 능력을 허락하신다. 하나님만을 사랑할 때, 그 사랑 안에서 모든 필요와 풍요가 충족된다.

6

친밀하나
지배당하지 않게

Shalom Finance

돈은 오랫동안 인간의 마음을 흔들어 온 존재였다. 그것은 단순한 화폐 이상의 의미를 지니며 인간의 가치관과 신앙, 정체성에 깊이 스며들어 있다. 인류의 역사 속에서 돈은 문명을 발전시킨 힘이었으나 동시에 인간의 내면을 가장 쉽게 병들게 한 유혹의 매개체이기도 했다. 문제는 돈을 다루는 인간의 마음 곧 욕망과 불안, 그리고 불신의 구조에 있다.

우리는 오랫동안 돈을 '적'으로 여기거나, 반대로 '신'처럼 숭배하며 살아왔다. 그 결과 돈과의 관계는 왜곡되고 수없이 상처를 입었다. 가난은 수치로, 부는 교만으로, 나눔은 불안으로 변질되었다. 그러나 하나님은 이러한 왜곡을 치유하시며 새로운 관계로 초대하신다. 치유의 과정은 고통스럽겠지만 그 끝은 화해와 자유다.

돈의 상처를 치유한다는 것은 단지 재정적 문제를 해결하는 것이 아니다. 그것은 인간의 내면이 불안에서 신뢰로, 결핍에서 감사로, 집착에서 자유로, 옮겨 가는 영적 변화이다. 이제 우리는 그 치유를 지나 돈과 화해의 자리로 나아가야 한다. 돈을 도망쳐야 할 대상으로 보지 않고 하나님이 맡기신 사명의 도구로 인식할 때, 비로소 화해가 가능해진다. 돈은 더 이상 내 신앙을 방해하는 적이 아니라 신앙을 훈련시키는 친구가 된다.

● 돈과의 동행은 교제의 관계

돈과 친해진다는 것은 돈을 더 많이 버는 기술을 익히는 일이 아니다. 그것은 돈을 신앙의 언어로 다루는 법을 배우는 일이다. 돈은 나의 신앙을 보게 한다. 내가 무엇을 사랑하고, 무엇을 두려워하며, 어디에 소망을 두는지가 돈을 쓰는 방식에 고스란히 드러난다.

돈과의 건강한 관계는 통제의 관계가 아니라 교제의 관계다. 돈은 나의 주인이 아니라 함께 하나님의 뜻을 이루는 동행자다. 하루의 지출과 수입이 단순한 숫자가 아니라 '하나님과의 대화'가 되는 순간, 돈은 더 이상 불안의 원인이 아니라 감사의 통로가 된다.

청지기의 마음을 가진 사람은 돈을 통해 하나님과 교제한다. 그는 계산기보다 기도를 먼저 열고, 남은 잔고보다 마음의 평안을 먼저 확인한다. 그에게 돈은 신앙의 훈련장이자 영적 언어다. 돈을 잃는 것은 손실이 아니라 하나님의 뜻을 새롭게 배우는 기회다.

돈과 동행하는 사람은 돈을 걱정하는 대신 돈과 대화를 한다. 그는 돈을 두고 하나님께 묻는다. "주님, 오늘 이 재정을 어디에 쓰는 것이 합당합니까?" 그 물음 속에서 돈은 신앙의 언어가 되고, 재정은 믿음의 행위가 된다. 돈과 싸우는 대신 돈과 함께 걸으면 하나님 나라를 세우는 길이 열린다.

● 은혜의 순환

하나님이 주인이신 경제 안에서 돈은 멈추지 않는다. 그것은 흘러가며, 회전하며, 순환한다. 쌓는 재정은 인간의 경제이고, 흘려보내는 재정은 하나님의 경제다. 이 차이가 바로 자유와 속박의 경계선이다.

하나님의 재정은 닫힌 구조가 아니라 열린 순환 구조다. 그 순환은 감사 - 나눔 - 채움 - 감사의 선순환으로 이어진다. 하나님께 받은 은혜를 나누면 또 다른 은혜가 돌아온다. 이것이 신앙인이 경험하는 재정의 신비다.

성경은 나눔을 '희생'이라고 말하지 않는다. 오히려 '복'이라 부른다. 왜냐하면 나눔이 관계를 살리고, 관계는 곧 생명을 낳기 때문이다. 경제학적으로도 순환은 지속가능성을 낳는다. 돈이 한곳에 고이면 부패하고 흘러가면 생명을 살린다. 하나님은 그 순환의 원리를 은혜의 법칙으로 만드셨다. 그래서 나눔은 곧 은혜의 순환 구조에 참여하는 신앙 행위다.

돈은 하나님의 뜻을 이루기 위한 에너지이며, 세상을 살리는 순환의 매개체다. 그리하여 돈을 흘려보내는 사람은 결코 가난하지 않다. 그의 인생이 하나님이 공급하시는 샘물에 닿아 있기 때문이다.

● 샬롬의 경제

돈과의 화해는 결국 하나님 나라의 평화로 귀결된다. 성경이 말하는 평화(Shalom)는 단순히 전쟁이 없는 상태가 아니다. 그것은 관계의 질서가 회복된 상태를 의미한다. 돈과의 평화란 곧 하나님과의 관계가 바로 선 상태를 뜻한다.

이 평화는 '많음'이 아니라 '바름'에서 온다. 돈이 제자리를 찾고 인간이 그 자리를 지킬 때, 경제는 하나님의 질서 안에 들어간다. 그때 인간은 돈을 다스리는 존재로서의 존엄을 회복한다.

돈과의 평화는 인간과 하나님, 인간과 사회, 인간과 자기 자신 사이의 조화를 이루게 한다. 돈과 화해한 사람은 더 이상 돈 때문에 불안하지 않다. 돈은 그의 신앙을 위협하지 않고, 오히려 그 신앙을 증언한다. 그는 세상과도 화해한다. 경쟁이 아니라 협력의 경제를, 이익이 아니라 사랑의 경제를 살아간다. 그의 재정은 하나님의 나라를 확장시키는 통로가 되고, 그의 삶은 하나님의 공급이 흘러가는 통로가 된다.

이것이 바로 하나님 나라의 재정 관계의 완성이다. 하나님이 주인이시고, 인간은 청지기로서 돈을 다루며, 돈은 세상을 섬기는 순환의 질서 속에서 존재한다. 이 구조가 바로 '돈의 평화'이며, 성숙한 신앙인의 재정 질서다.

이제 우리는 돈의 상처를 지나, 자유와 화해로 돈을 바로 세워야 한다. 돈은 더 이상 두려움의 상징이 아니며 욕망의 대상도 아니다. 돈은 하나님께서 우리에게 맡기신 사명의 도구이자 은혜의 언어다. 돈을 다루는 방식이 곧 우리의 신앙을 드러낸다. 돈과의 관계가 성숙할수록 신앙도 성숙한다. 하나님을 신뢰하는 사람은 돈을 다스리고, 하나님을 의심하는 사람은 돈의 다스림을 받는다. 이 단순한 질서 속에 진정한 돈의 자유가 있다. 이제 우리는 이렇게 고백할 수 있다.

"돈아, 이제 우리 친해지자. 너는 나를 속박하는 주인이 아니라 하나님이 나에게 맡기신 사명의 친구다. 나는 너를 두려워하지 않는다. 너를 사랑하지는 않지만 귀하게 여긴다. 왜냐하면 너의 주인은 내가 아니라 하나님이시기 때문이다."

돈과의 화해는 결국 하나님과의 화평으로 이어진다. 그분이 주인이시기에 나는 더 이상 부족하지 않다. 그분이 공급자이시기에 나는 더 이상 불안하지 않다. 그분이 나의 하나님이시기에 나는 이제 돈과도 평화롭게 지낼 수 있다.

PART 3

교회와 사회를 다시 묻다

돈으로 말하는 공동체

1

돈이 삼켜 버린
교회

Shalom Finance

한국 교회의 성장은 세계 교회사에서 유례없는 기적적 사건으로 평가된다. 불과 한 세기 남짓한 기간 동안 한국 교회는 폭발적인 부흥을 경험하였으며, 미국 다음으로 많은 선교사를 파송하는 국가가 되었다. 일제강점기의 혹독한 시련도 버텨 낸 신앙, 6·25 전쟁 이후의 폐허 위에서 새벽마다 울려 퍼진 기도의 소리는 한국 교회 성장의 밑거름이 되었다.

산업화와 민주화의 과정을 거치며 교회는 국민의 정서적 버팀목이 되었고, 복음 전파와 해외 선교에 헌신하는 역동성을 보여 주었다. 이러한 놀라운 역사는 하나님께서 한국 교회를 통해 일하신 분명한 증거이며, 동시에 오늘의 교회가 본질을 지켜 내야 할 이유를 더욱 분명히 보여 준다.

그러나 하나님의 놀라운 역사 가운데서도, 교회는 점차 세속적 욕망에 물들며 본질을 상실해 가는 모습을 드러냈다. 몇 해 전 사회를 충격에 빠뜨린 대형 교회의 재정 비리 사건은 그 상징적 단면이었다. 교회가 수십억 원의 비자금을 조성하고, 목회자 일가가 교회 재정을 사적으로 유용한 사실이 드러나면서 사회적 분노가 폭발하였다. 성도들의 헌신으로 드려진 헌금은 원래 복음 전파와 가난한 이들을 위해 사용되어야 했으나, 일부는 호화주택 구입과 가족 생활비, 심지어 자녀의 사업 자금으로까지 흘러 들어갔다.

세상은 냉소적으로 말했다. "역시 교회도 돈 앞에서는 다를 바 없다." 이 한마디는 한국 교회가 세상에서 어떤 인식을 받고 있는지를 단적으로 보여 주는 비극적 선언이었다.

이 사건은 단지 몇몇 교회의 일탈 사례가 아니다. 규모를 막론하고 많은 교회가 재정 문제로 인해 갈등과 불신의 소용돌이에 휘말려 있다. 교회 재정의 불투명성, 지도자들의 탐욕, 헌금의 목적 왜곡은 이미 사회가 교회를 신뢰하지 못하게 된 주된 이유가 되었다. 그 모든 문제의 근원은 하나로 귀결된다. 바로 돈에 대한 잘못된 이해와 집착이다. 이것이야말로 오늘날 교회가 본질을 잃고 변질된 근본적 원인이다.

● 돈에 포획된 교회

한국 교회가 돈 앞에서 무너진 이유는 분명하다. 돈을 수단이 아니라 목적으로 대하기 시작했기 때문이다. 교회는 너무 돈을 사랑하고, 그것으로 성공을 정의하며, 그 흐름에 종속되었다. 한국 교회가 이렇게까지 돈에 매인 데에는 세 가지 이유가 있다.

하나, 성장주의와 돈의 결탁이다. 교회의 성장은 본래 성령의 역사와 말씀의 능력으로 이루어져야 한다. 그러나 한국 교회는 헌금 액수, 건물의 규모, 교인 수를 성장의 절대적 기준으로 삼았다. 헌금은 신앙의 고백이 아닌 교회의 위상을 가늠하는 수치로 전락하였고, 목회자는 영적 지도자보다 경영자로 기능하게 되었다. 그런 흐름 아래 성도들 또한 제자가 아니라 성공 프로젝트의 도구로 전락하고 말았다.

둘, 자본주의 논리의 수용이다. 교회는 세상의 논리와 구별되어야 하나 오히려 세속의 경영 방식을 적극적으로 받아들였다. 교회를 기업처럼 운영하고, 목회자를 CEO로 세우며, 성도들을 고객이나 투자자로 취급하였다. 예배와 교육, 프로그램은 영적 훈련이 아닌 종교적 서비스로 변질되었고, 사람들은 교회를 신앙의 터전이 아닌 소비의 대상으로 선택하기 시작했다.

셋, 폐쇄적 재정 운영이다. 교회의 재정은 하나님 나라를 확장하고 가난한 자를 섬기기 위해 사용되어야 한다. 그러나 다수의 교회는 재정을 내부 유지와 확장에만 집중시켰다. 건물 건축, 시설 운영 관리, 교역자 생활비, 내부 행사 등에 대부분의 예산이 투입되고 지역사회를 향한 선교와 구제 사역은 뒷전으로 밀려났다. 그 결과 교회는 세상 속 빛과 소금으로서의 역할을 상실하고, 자기 울타리 안에 갇힌 폐쇄적 공동체로 전락했다.

성경이 정의하는 교회는 제도나 건물이 아니다. 교회는 예수 그리스도를 머리로 하고, 성도들이 지체로 연결된 살아 있는 공동체이다. 바울은 고린도전서 12장에서 교회를 '그리스도의 몸'이라 명명하였다. 교회는 외형의 화려함으로 규정되지 않는다. 말씀과 기도, 사랑과 나눔으로 살아가는 사람들의 모임 자체가 교회이다.

사도행전의 초대 교회는 성도들이 모여 기도하며 말씀을 배우고, 자기 소유를 팔아 서로의 필요를 채웠다(행 2:42~47). 초대 교회의 정체성은 재정의 규모나 외형적 위용이 아니라 사랑과 나눔, 그리고 제자도의 삶에 있었다. 오늘날 교회가 본래의 방향을 회복한다는 것은 교인 수나 헌금 총액을 성공의 지표로 삼는 것이 아니라, 성도 한 사람 한 사람이 예수의 제자로 서는 데 있다. 교회는 모이기 위해서만 존재하는 것이 아니라, 흩어져 세상 속에서 하나님 나라를 드러내기 위해 존재한다.

교회와 기업의 본질적 차이는 목적에서 비롯된다. 기업은 이윤을 추구한다. 효율성과 경쟁은 기업의 생존 조건이다. 경영학의 원리는 결국 '이익의 극대화'로 귀결된다. 그러나 교회의 목적은 이윤이 아니라 사랑과 복음이다. 교회의 재정은 자본 축적의 수단이 아니라 하나님 나라의 확장과 이웃 섬김을 위한 자원이다. 기업은 성과로 평가받지만 교회는 순종과 사랑으로 평가받는다. 기업은 경쟁을 통해 성장하지만 교회는 나눔과 섬김을 통해 성숙한다. 그럼에도 오늘날 다수의 교회는 기업의 효율성과 경쟁 논리를 무비판적으로 수용함으로써 교회의 본질을 훼손하였다.

돈에 삼켜진 교회가 다시 살아나는 길은 오직 본질의 회복이다. 교회의 위기는 재정의 부족에서 비롯된 것이 아니다. 하나님 나라의 질서를 잃어버린 영적 혼란에서 비롯되었다. 특히 교회는 성경적 재정관을 회복해야 한다. 교회가 돈으로 인해 흔들린 이유는 결국 돈에 대한 성경적 이해의 부재 때문이다. 성경은 돈을 악으로 규정하지 않는다. 오히려 하나님께서 우리에게 맡기신 자원이다. 이 자원을 어떻게 사용하느냐에 따라 축복이 되기도 올무가 되기도 한다. 교회는 성경적 재정관을 필수적으로 회복해야 한다.

● **개혁의 세 가지 길**

오늘날 한국 교회는 안팎으로 변화를 요청받고 있다. 이제는 세상의 걱정거리가 아니라 빛과 소금이 되어야 한다. 한국 교회가 다시 교회다움을 회복하기 위해서는 다음의 세 가지 방향으로 나아가야 한다.

첫째로 성장주의를 대신할 성령 중심의 교회이다. 교회의 성장은 헌금의 액수나 건물의 크기, 교인 수의 많고 적음으로 측정될 수 없다. 성경이 말하는 교회의 성장은 성령의 역사와 말씀의 능력으로 변화된 영혼의 수에 있다. 따라서 교회는 외형적 확장보다 내면의 성숙을 추구해야 한다.

성령 중심의 교회는 얼마나 모였는가보다 얼마나 거룩하게 변화되었는가를 기준으로 삼는다. 목회자는 경영자가 아니라 영혼을 돌보는 목자이어야 하며, 성도는 성취의 도구가 아니라 제자로 세워져야 한다.

교회의 모든 사역은 하나님 나라의 확장이라는 본래의 목적에 부합해야 하며, 그 과정에서 성령의 인도하심이 최우선의 기준이 되어야 한다. "이는 힘으로 되지 아니하며 능력으로 되지 아니하고 오직 나의 영으로 되느니라"(슥 4:6) 교회는 이 말씀을 새겨들어야 한다. 사람의 능력으로 되는 것이 아니다. 교회는 다시금 성령의 주권을 인정하고, 인간의 계산과 성과 중심의 신앙 구조에서 벗어나야 한다.

둘째로 자본주의 논리를 대체할 복음적 공동체의 회복이다. 교회가 세상의 경영 논리를 그대로 받아들인 결과, 성도는 소비자가 되었고 예배는 서비스로 변질되었다. 이를 극복하기 위해서는 교회가 복음적 공동체로서의 본질을 회복해야 한다.

복음적 공동체란 경쟁이 아니라 섬김과 연대를 기반으로 한 영적 가족이다. 성도는 고객이 아니라 동역자이며, 목회자는 CEO가 아니라 섬김의 본을 보이는 종(Servant)이다. 따라서 교회는 행정적 효율보다 관계적 사랑과 나눔의 질서를 우선해야 하며, 재정과 조직 운영 역시 영적 공동체의 원리에 맞추어 조정되어야 한다.

"너희 중에 누구든지 으뜸이 되고자 하는 자는 너희의 종이 되어야 하리라"(마 20:27) 이 말씀은 교회의 리더십이 세상의 권력 구조와 달라야 함을 선언한다. 교회의 진정한 리더는 권위를 소유한 자가 아니라 사랑으로 봉사하는 자이다.

셋째로 폐쇄적 재정을 극복할 흘러가는 재정 구조이다. 교회의 재정은 머물러서는 안 된다. 내부 유지 중심의 재정 구조를 과감히 개혁하여 하나님이 주신 자원을 선교와 구제, 사회적 섬김 등 이웃과 사회와 나라를 위해 사용해야 한다.

특히 폐쇄적 재정 구조를 극복하기 위해 필요한 것이 투명성이다. 교회는 투명한 회계 공개와 외부 감사 시스템을 도입하고, 재정의 사용처를 성도와 사회 앞에 명확히 밝혀야 한다. 또한 예산의 일정 비율을 지역사회 돌봄, 복음 전파, 청년과 약자를 위한 사역에 의무적으로 할당해야 한다.

이것은 단순한 재정 분배의 문제가 아니라 교회가 하나님의 뜻에 따라 살아가는 순종의 행위이다. "주린 자에게 네 양식을 나누어 주며 유리하는 빈민을 집에 들이며 헐벗은 자를 보면 입히며"(사 58:7) 하나님께서 기뻐하시는 예배는 화려한 예식이 아니라 가난한 자를 돌보는 정의의 행위이다. 재정이 고이지 않고 흘러갈 때 교회는 생명력을 얻고 세상 속에서 다시 빛과 소금의 역할을 회복하게 된다.

이 세 가지는 교회의 본질 회복을 위한 신학적 대안이자 실천적 명령이다. 교회가 다시금 성령의 역사로 성장하고, 복음적 공동체로 살아가며, 바르고 투명한 재정으로 설 때 돈의 지배는 끊어지고 하나님의 나라가 교회 안에서 새롭게 세워질 것이다. 그것이 곧 돈의 포획에서 벗어나 거룩을 회복하는 한국 교회의 길이다.

● 성경적 재정관의 이해

교회가 돈에 흔들리고 포획당하는 이유는 하나님이 돈에 대해 말씀해 주신 성경적 이해가 부족했기 때문이다. 성경에서 강조하는 재정과 돈에 대한 하나님의 뜻을 배우고 가르치고 실천하는 것이 필수적이다. 교회는 단지 헌금과 예산을 관리하는 법을 배우는 곳이 아니라 돈을 하나님의 뜻에 따라 다스리는 신앙적 지혜, 즉 성경적 재정관 열 가지를 알아야 한다.

주권관(Sovereignty perspective) : 모든 재정의 주인은 하나님이시라는 사실을 인정하는 것이다. 재정의 근본은 소유가 아니라 하나님의 주권적 통치 아래에 있다. 하나님께서는 "은도 내 것이요 금도 내 것이니라"(학 2:8)라고 말씀하셨다. 인간은 주인이 아니라 위탁받은 청지기로서, 하나님의 뜻을 따라 자원을 운용해야 한다.

청지기관(Stewardship perspective) : 우리는 하나님의 자원을 맡은 관리자임을 깨닫는 것이다. 재정은 개인의 권리가 아니라 하나님의 목적을 위해 맡겨진 책임이다. 따라서 "각각 은사를 받은 대로 하나님의 여러 가지 은혜를 맡은 선한 청지기같이 서로 봉사하라"(벧전 4:10)는 말씀대로, 교회와 성도는 재정 사용에 대해 하나님께 결산해야 한다.

우선순위관(Priority perspective) : 무엇보다 먼저 하나님께 드리는 질서를 세우는 것이다. 하나님께 먼저 드리는 첫 열매의 신앙은 돈을 하나님 아래 두는 질서다. "네 재물과 네 소산물의 처음 익은 열매로 여호와를 공경하라"(잠 3:9) 헌금은 단순한 의무가 아니라 하나님이 내 삶의 주인이심을 고백하는 행위이다.

만족관(Contentment perspective) : 주어진 상황에 감사하며 자족하는 것이다. 재정의 목적은 부의 축적이 아니라 마음의 평안과 감사다. 만족은 가난함이 아니라 하나님 안에서의 충만함을 아는 것이다. "자족하는 마음이 있으면 경건은 큰 이익이 되느니라"(딤전 6:6) 교회 재정도 많이 쓰는 것이 아니라 바르게 쓰는 것을 추구해야 한다.

정직관(Integrity perspective) : 돈 앞에서 진실한 태도를 유지하는 것이다. 돈은 인간의 진심을 드러내는 거울이다. 성경은 "지극히 작은 것에 충성된 자는 큰 것에도 충성"(눅 16:10)되다고 말씀한다. 정직하지 못한 재정은 아무리 좋은 사역도 부패시킨다. 성경적 재정관은 정직을 영성의 열매로 본다.

투명관(Transparency perspective) : 숨김없이 바르게 주어진 목적대로 사용하는 것이다. 재정의 투명성은 단순한 제도가 아니라 하나님의 성품 반영이다. "모든 것은 빛으로 말미암아 드러나나니 드러나는 것마다 빛이니라"(엡 5:13)라고 성경은 증언한다. 숨김없는 재정은 신뢰를 세우고 신뢰는 교회를 살린다. 회계의 공개는 행정이 아니라 예배적 행위다.

공동체관(Community perspective) : 돈은 함께 살아가는 데 필요한 도구다. 개인의 것이 아니라 공동체의 생명 자원이다. 초대 교회는 "믿는 무리가 한마음과 한뜻이 되어 모든 물건을 서로 통용"(행 4:32)하였다. 성경적 재정관은 나의 유익보다 우리의 생존과 섬김을 우선한다. 교회는 경쟁하는 곳이 아니라 함께 사는 곳이다.

사명관(Mission perspective) : 돈은 하나님 나라를 위한 도구다. 돈의 목적은 '유지비'가 아니라 '사명비'다. 교회 재정은 건물을 세우기보다 사람을 세우고 복음을 전파하는 일에 쓰여야 한다. "너희는 먼저 그의 나라와 그의 의를 구하라"(마 6:33) 돈의 방향이 사명을 향할 때 재정은 거룩해진다.

나눔관(Generosity perspective) : 흘러가는 재정이 살아 있는 재정이다. 하나님 나라의 경제는 축적이 아니라 순환이다. 재정이 이웃과 사회를 향해 흘러갈 때, 그 안에서 사랑과 정의의 순환이 일어난다. 성부는 베풀어 주시고, 성자는 내어 주시며, 성령은 나누어 주신다. 삼위일체적 사랑의 경제(Economy of the Trinity)이다. "주는 것이 받는 것보다 복이 있다 하심을 기억하여야 할지니라"(행 20:35) 이렇듯 교회의 재정은 주는 사랑이 될 때 생명을 얻는다.

영원관(Eternal value perspective) : 돈은 사라지지만, 하나님 나라의 가치는 남는다. 세상의 재정은 일시적이지만 하나님 나라의 재정은 영원한 가치 투자다. "오직 너희를 위하여 보물을 하늘에 쌓아 두라"(마 6:20) 돈은 도구일 뿐 목적이 아니다. 우리가 돈으로 세운 것은 사라지지만, 사랑으로 흘린 돈은 영원히 남는다.

우리는 이 성경적 재정관을 될 수 있는 대로 많이 읽히고, 또 읽고 숙지해야 한다. 아무리 강조해도 부족함이 없다. 성경적 재정 운동은 교회 회복의 씨앗이다.

오늘날 한국 교회는 돈 앞에서 무너졌으나 여전히 회복의 기회를 가지고 있다. 교회가 돈을 목적이 아닌 도구로 여기며 하나님 앞에서 투명한 재정 운영을 실천할 때, 다시금 세상 속에서 빛과 소금의 역할을 감당할 수 있다. 돈에 의해 오염된 교회가 성경적 재정관 위에 서게 될 때, 하나님 나라의 대안 공동체로 거듭날 수 있다.

교회는 이윤을 추구하는 기업이 아니라 사랑을 실천하는 거룩한 공동체이다. 그것을 잊지 않고, 청지기적 재정 관리를 지속적으로 실천할 때 교회는 다시 교회다움을 회복하게 될 것이다.

2

권력으로
작동하기까지

사도 바울은 고린도교회 교인들을 향해 "그리스도 예수 안에서 거룩하여지고 성도라 부르심을 받은 자들"(고전 1:2)이라고 불렀다. 성도란 어떤 존재인가? 성도는 하나님의 소유로 구별된 자이다. 성도로 번역된 헬라어 하기오스(ἅγιος)는 '구별된', '거룩하게 된'이라는 뜻을 지닌다. 즉 성도는 거룩하게 부름받은 자이다. 교회의 구성원은 성도로서 목사, 장로, 집사, 평신도에 이르기까지 서로 다른 은사를 따라 역할을 감당하며 그리스도의 몸을 세워가야 한다. 성도의 권위는 오직 말씀과 성령에서 나와야 하며 그 힘은 복음으로부터 공급되어야 한다.

그러나 오늘날의 현실은 어떠한가? 성도의 권위가 돈에서 나온다고 해도 과언이 아니며 그 힘이 교회 내 권력으로 작동한다.

세속적 구조가 깊이 뿌리내리고 있음을 부정할 수 없다. 교회가 자본주의의 질서를 그대로 복제해 버린 것이다.

십일조와 헌금을 많이 내는 자가 자연스럽게 교회 안에서 당당해지고, 중요한 의사 결정 과정에서 영향력을 행사한다. 헌금을 적게 내거나 형편상 내지 못하는 성도는 점점 위축되며, 가난한 이는 신앙생활조차 부담스러워하는 상황에 이른다. 반대로 재정적으로 여유 있는 이들은 마치 자신의 돈으로 교회를 세운 듯 행세한다. 심지어 일부 장로나 권사들은 "내가 이 교회를 지탱하고 있다"라는 오만한 발언을 서슴지 않는다. 그리스도의 몸 된 교회 안에서 돈이 권력의 기준이 되고 있는 것이다.

이 현상은 단순한 오해나 일시적 일탈이 아니다. 이미 한국 교회 전반에 만연한 구조적 문제다. 헌금이 많으면 존경을 받고 그렇지 않으면 존재감이 희미해지는 현실은 교회를 세속적 질서에 종속시키는 결정적 요인이 되었다. 그리스도의 핏값으로 세워진 거룩한 공동체가 돈으로 움직이는 조직으로 변질되었다.

● 권력이 될 때 나타나는 세 가지 실패

디트리히 본회퍼는 "세상이 교회를 부유하게 만들 때 교회는 그 부를 지키려 하고, 그 순간 복음은 값싼 은혜로 변한다"라고 했다. 교회가 세상의 권력과 부에 기대는 순간 복음은 힘을 잃고 십자가의 능력은 가려진다고 경고한 것이다. 그의 통찰은 오늘의 교회 현실에 정확히 들어맞는다. 교회가 돈과 권력에 의존하는 순간, 복음은 그 날카로움을 잃고 사람의 삶을 변화시키는 능력을 상실한다. 돈이 권력이 되는 교회의 실패는 세 가지로 요약할 수 있다.

하나, 직분의 왜곡이다. 교회의 직분은 본래 하나님이 주신 은사와 믿음, 그리고 섬김의 삶을 기준으로 세워져야 한다. 그러나 현실에서는 헌금 액수가 중요한 기준이 되어 버렸다. 헌금을 많이 낸 자가 직분을 맡고, 회의에서 더 큰 발언권을 갖는다. 직분이 하나님께서 맡기신 사명이 아니라 일종의 보상처럼 변질된다. 심지어 교인이 줄고 헌금이 줄고 재정이 어려운 교회에서 담임목사 청빙 시 금전 거래를 하거나, 일부 "내가 건축 헌금을 많이 냈으니 장로가 되어야 한다"라고 주장하는 사람이 있는 등 돈으로 영적 직분을 구입하려는 모습도 보인다.

그러나 직분은 거래 대상이 아니라 은혜로 주어지는 책임이다. 돈으로 세워진 직분자는 결국 공동체를 무겁게 하고 교회를 병들게 만든다. 교회는 직분자를 세울 때 반드시 말씀과 기도, 성품과 섬김을 기준으로 세워야 하며, 재정과 인사를 철저히 분리하여 돈이 직분을 좌우하지 못하게 해야 한다. 이것이 하나님이 기뻐하시는 교회의 질서를 지키는 길이다.

둘, 영적 권위의 붕괴이다. 교회의 진정한 권위는 말씀과 기도, 성령의 역사에서 비롯되어야 한다. 그러나 현실은 헌금의 많고 적음이 권위를 결정하는 상황에 이르렀다. 목회자는 설교할 때조차 큰 헌금을 내는 성도나 장로의 시선을 의식하고, 그들의 반응에 따라 설교의 강도를 조절한다. 강단이 돈에 종속되는 순간 복음은 힘을 잃고 설교는 진리의 선포가 아니라 사람을 기쁘게 하는 언어로 변질된다. 이때 교회의 중심은 무너지고 돈이 말씀보다 더 큰 힘을 가지게 된다.

셋, 공동체의 분열이다. 교회 안에서 돈이 많으면 힘을 갖고, 없는 사람은 소외되는 구조가 자리 잡았다. 헌금을 많이 내는 성도는 더 높은 위치에 있는 듯 대접을 받고, 그렇지 못한 성도는 주변으로 밀려난다. 그러나 교회는 본래 약한 자와 가난한 자를 품는 공동체이다. 돈이 기준이 되면 성도들 사이에 보이지 않는 벽이 세워지고 따뜻해야 할 공동체는 차가운 위계의 구조로 변한다. 결국 교회의 본질은 흔들리고 서로를 세워야 할 사랑의 유대는 끊어진다.

돈에 점령된 직분자가 교회를 분열시키는 현실을 우리는 수없이 목격해 왔다. 일례로 금전 거래를 통해 담임목사로 청빙된 인물이 교회 재정을 사실상 사유화하여 해외여행과 사치품 구입에 사용하다가 결국 재판에 회부되고 사임한 사건이 있었다. 그는 그 행위를 보상받고 싶은 마음에서 비롯된 것이라 변명하였는데, 그 결과는 개인의 일탈을 넘어 공동체 전체의 신뢰 붕괴로 이어졌다.

또 미국의 한 교회에서는 일부가 돈으로 담임목사직을 사들인 뒤 교인들의 헌금을 부동산 투자와 호화 생활에 전용하여 사회적 지탄을 받았고, 결국 교회는 찬성파와 반대파로 갈라져 심각한 분열을 겪었다. 더 나아가 어느 장로는 회의 석상에서 "내가 헌금을 이렇게 냈으니 내 말대로 해야 한다"라고 공언하며 목회자를 압박하고 교회 운영 전반에 과도한 영향력을 행사하려 하였다.

이처럼 돈으로 산 직분이 돈으로 보상받으려는 어리석음은 개인의 파탄으로 종결되지 않는다. 그것은 곧 그리스도의 몸인 교회의 분열을 초래하는 중대한 죄악임을 명심해야 한다. 이 사태가 과연 몇몇 개인의 일탈에 불과한가? 결코 그렇지 않다. 이는 교회의 신학적 토대가 붕괴된 결과다. 교회가 복음의 질서 대신 세속의 자본 논리를 수용하여 재물을 은밀한 주인으로 모신 데서 비롯된 총체적 타락이다.

야고보는 이러한 현실에 대해 이미 경고했다. "만일 너희 회당에 금가락지를 끼고 아름다운 옷을 입은 사람이 들어오고 또 남루한 옷을 입은 가난한 사람이 들어올 때에 너희가 아름다운 옷을 입은 자를 눈여겨보고 말하되 여기 좋은 자리에 앉으소서 하고 또 가난한 자에게 말하되 너는 거기 서 있든지 내 발등상 아래에 앉으라 하면 너희끼리 서로 차별하며 악한 생각으로 판단하는 자가 되는 것이 아니냐"(약 2:2~4) 이 말씀은 오늘의 교회 현실을 정조준한다.

돈이 권위가 되고, 헌금이 서열을 만들고, 부가 의사 결정을 좌우하는 순간, 공동체는 필연적으로 차별과 분열의 길로 접어든다. 곧 돈이 교회 질서를 잠식하고, 십자가의 평등과 사랑의 원리는 가려지며, 복음은 그 변혁의 능력을 잃는다. 이러한 구조적 죄를 방치한다면 교회는 더 이상 교회일 수 없다.

● **교회 앞에 놓인 미래**

우리가 만약 이 문제를 해결하지 않는다면 교회는 어떤 미래를 맞이하게 될까?

교회의 세속화 심화

교회는 점차 그 본질적 정체성을 상실하고 있다. 재정적 여유가 있는 이들이 의사 결정의 주도권을 쥐게 되고, 경제적 약자는 점점 주변으로 밀려나고 있다. 그 결과 교회는 복음의 공동체로서의 순수성을 잃고 세속 조직과 다를 바 없는 구조로 변질된다. 신앙의 본질은 희미해지고, 영적 지도력은 재정에 종속되며, 교회는 세속 권력의 축소판으로 전락한다.

영적 권위의 붕괴

하나님의 말씀과 성령의 권위가 약화되고 재정이 그 자리를 대신하게 된다. 목회자는 하나님 앞에서의 소명보다 헌금 액수를 더 의식하게 되고, 설교는 진리의 선포가 아니라 재정 후원자들의 기호를 맞추는 수단으로 변질된다. 강단은 복음의 불꽃이 아니라 사람의 비위를 맞추는 무대로 전락하며 그 결과 교회의 영적 중심이 무너지고 만다.

공동체의 분열과 상실

교회 내의 사회·경제적 격차는 점차 심화되고 있다. 가진 자와 가지지 못한 자 사이의 갈등이 깊어지면서, 교회는 '하나 된

몸'이라는 성경적 정체성을 상실한다. 차별과 위계 의식이 공동체 안에 뿌리내리고 성도 간의 사랑과 신뢰는 깨어진다. 결국 교회의 유기적 유대는 해체되고, 공동체는 하나님의 뜻을 이루는 그리스도의 몸으로 기능하지 못하게 된다.

교회에 대한 사회적 불신

교회는 세상의 빛과 소금이 되어야 함에도 불구하고 오히려 세상으로부터 지탄의 대상이 되고 있다. 다수의 교회들이 재정 비리와 권력 다툼으로 사회적 신뢰를 잃었고, 언론에 보도되는 돈과 관련된 추문은 복음의 이름을 훼손시키고 있다. 그 결과 교회는 복음을 전하기는커녕 복음을 가리는 걸림돌이 되어 버렸으며 세상은 교회를 더 이상 거룩한 공동체로 인정하지 않는다.

영혼 구원의 실패

이 모든 타락의 가장 심각한 결과는 복음의 상실이다. 교회가 돈의 지배를 받게 되면 필연적으로 영혼 구원의 사명을 잃는다. 영적 생명은 형식적 예배와 재정 중심의 사역 속에서 서서히 소멸되고, 교회는 하나님 나라를 확장하기는커녕 스스로 무너지는 비극을 맞이한다. 결국 교회는 존재 이유를 상실하고 세상 속에서 더 이상 그리스도의 빛을 비추지 못하는 죽은 공동체로 전락한다.

🟡 회복의 대안, 제자 훈련

그렇다면 우리는 어떻게 해야 하는가? 이제 성도의 회복을 위한 대안을 생각해 볼 차례다. 오늘날 교회의 가장 시급한 과제는 성도의 회복이며, 그 핵심은 제자 훈련의 회복에 있다. 코로나 팬데믹 이후 개인주의적 신앙과 비대면 문화에 익숙해지면서, 많은 교회가 공동체적 제자 훈련의 중요성을 상실했다. 그러나 제자 훈련이 약화된 교회는 반드시 세속적 가치에 흔들리게 된다. 신앙의 뿌리가 말씀 위에 세워지지 못하면 결국 성도는 세상의 논리, 특히 돈의 논리에 휘둘리게 된다.

교회가 다시 건강하게 세워지기 위해서는 철저한 말씀 중심의 제자 훈련이 회복되어야 한다. 제자 훈련은 단순히 지식 교육이나 성경 공부가 아니다. 그것은 삶의 가치관과 존재의 방향을 복음으로 새롭게 세우는 과정이다. 예수 그리스도께서는 제자들에게 "나를 따라오라"(마 4:19)라고 하셨다. 이 부르심은 신앙고백을 넘어 세상적 사고와 탐욕을 버리고 복음의 길로 재편성되는 삶의 전환을 의미한다.

특히 오늘 이 시대에는 '재정 제자 훈련'이 필수적이다. 성도들은 매일 경제적 선택 속에 살아간다. 직장, 가정, 사회 그리고 일상생활 전반에 돈을 다루며 살아간다. 그러므로 교회는 돈을 어떻게 벌고, 어떻게 쓰며, 어떻게 관리해야 하는지를 잘 교육해서, 성도들이 성경적 재정관을 가진 재정 제자로 다시 서게 해야 한다.

성경적 제자 훈련은 성도의 내면을 다시 복음의 자리로 돌려놓는다. 성도가 말씀으로 훈련될 때 돈은 더 이상 인생의 주인이 아니라 하나님 나라를 위한 도구가 된다. 그때 돈은 자신의 권력 수단이 아니라 남을 돕는 섬김과 나눔의 통로로 흐르게 된다. 헌금은 체면의 표시가 아니라 사랑의 고백이 되고, 부는 경쟁의 목적이 아니라 하나님 나라 확장의 자원으로 사용된다.

성경적 제자 훈련이 없는 교회는 외형적 성장에도 불구하고 내면의 부패를 피할 수 없다. 반면 성경적 제자 훈련이 살아 있는 교회는 세상의 논리와 유혹 앞에서도 흔들리지 않는다. 훈련된 성도는 돈이 아니라 말씀을 중심으로 사고하며 복음의 가치로 세상을 바라본다. 결국 성경적 제자 훈련은 교회가 세속의 논리에서 자유로워지고 재정이 다시 섬김의 질서 안으로 돌아오게 한다. 돈이 낮은 자리에서 흘러 약자를 세우고, 복음을 전하며, 하나님 나라를 확장할 때 그곳에 참된 교회의 거룩이 회복된다.

3.

과소비 증후군,
소비 사회의 병리

오늘날 사회적으로 많은 문제들이 야기되지만 돈과 관련된 문제는 단연 과소비이다. 소비는 인간이 생존을 위해 수행해야 하는 자연스러운 행위로, 의식주를 해결하고 일상의 필요를 충족시키는 필수적 과정이다.

문제가 되는 것은 이 소비가 필요의 충족을 넘어 욕망의 발산으로 변질될 때이다. 소비가 욕망과 결합하면 그것은 단순한 생활 행위가 아니라 병리적 현상인 '과소비'로 발전한다. 과소비는 개인의 삶을 불안정하게 만들고, 가정을 파괴하며, 사회 전반을 왜곡시키고, 나아가 환경을 훼손하는 치명적 악으로 작용한다.

소비와 과소비는 명확히 구분되어야 한다. 소비는 삶을 지탱하는 건강한 행위이지만, 과소비는 욕망을 부추기고 인간의 존재를 그 욕망에 종속시키는 굴레이다. 현대 사회는 과소비를 발전과 진보의 상징으로 포장하지만 실제로는 개인과 공동체를 병들게 하는 독이다. 생활 수준이 향상되었다는 미명 아래 무분별한 소비가 사회 전반에 만연하며, 현대인은 '과소비 증후군'에 깊이 빠져 있다. 그 결과 개인은 소득을 초과하는 지출을 감행하고, 사회는 불안정해지며, 환경은 파괴의 길로 나아간다.

● 과소비 지수

그렇다면 나의 소비가 적절한 상황인지 아니면 과도한 상황인지 어떻게 알 수 있을까? 이를 평가해 볼 수 있는 것이 과소비 지수 계산식이다.

과소비 지수 = (월평균 수입 - 월평균 저축) ÷ 월평균 수입

계산 결과 지수가 1 이상이면 소득보다 지출이 많은 상태로 아주 심각한 재정 위기 상황이다. 0.7~1 사이면 과소비 상태라고 할 수 있다. 0.5~0.7은 적정한 수준이며, 0.5 미만은 이상적 상태로 볼 수 있다. 월급 200만 원인 사람을 예로 들어 본다.

수입 200만 원, 저축 0원　　＝ 지수 1　　→ 심각한 과소비 상태

수입 200만 원, 저축 50만 원 = 지수 0.75 → 과소비 상태

수입 200만 원, 저축 80만 원 = 지수 0.6　→ 적정 수준

이렇듯 수입이 같아도 저축과 지출의 비율에 따라 평가는 달라질 수 있다. 다만 이 지수 평가는 연령대별로 차이가 존재한다. 20대는 0.5 이하, 30대는 0.7 이하, 40대는 0.8 이하, 50대 이상은 0.9 이하일 때 적정 수준이라 할 수 있다. 연령이 높을수록 소득이 줄기 때문에 과소비 지수의 적정 범위가 다소 높아진다. 만약 자신의 지수가 기준치를 초과한다면 무의식적으로 과소비에 빠져 있는 것은 아닌지 점검할 필요가 있다.

● 과소비의 원인

과소비는 단순히 개인의 선택 문제를 넘어, 사회적 구조와 심리적 요인이 복합적으로 작용한 결과이다. 사람마다 과소비를 하는 이유는 다를 수 있으나 주요 원인을 추리면 다음의 세 가지로 압축된다.

하나, 비교 의식과 사회적 경쟁 심리이다. 인간은 본능적으로 타인과 자신을 비교한다. 본래 비교는 자기 성찰의 도구가 될 수 있으나, 현대 자본주의 사회에서는 비교 의식이 욕망과 경쟁의 도구로 변질되었다. SNS와 광고, 미디어는 타인의 소비와 성공을 끊임없이 노출하며 '나도 저만큼 가져야 한다'는 강박을 심어준다. 이 비교 의식은 만족을 빼앗고 불만을 키우는 강력한 요인이 되어 결국 사람들을 과소비로 내몬다.

둘, 심리적 보상과 감정적 충동이다. 과소비의 또 다른 원인은 내면의 결핍에서 비롯된다. 불안, 우울, 공허, 분노와 같은 부정적 감정을 달래기 위해 사람들은 소비를 하나의 보상 수단으로 삼는다. 쇼핑을 통해 일시적 쾌락을 얻고 명품을 통해 자신감을 회복하려 하지만 그 만족은 오래가지 않는다. 오히려 소비 후 찾아오는 허무와 공허감이 더 큰 소비로 이어지는 악순환을 만든다. 그 결과 소비는 상처를 치유하지 못하고, 오히려 상처를 재생산하며 자존감을 파괴한다.

셋, 자본주의 구조적 조장이다. 과소비는 개인의 문제가 아니라 자본주의 구조의 산물이기도 하다. 기업은 끊임없이 신제품을 출시하며 소비자의 지갑을 자극하고, 광고와 마케팅은 허구적 필요를 필수로 포장한다. 물만으로 충분한데도 사람들은 기능성 음료나 에너지 음료 없이는 살 수 없다고 믿는다. 이러한 허구는 기업이 만들어 낸 신화에 불과하다.

특히 현대 기업은 신경 마케팅(Neuromarketing) 기법을 활용해 소비자의 무의식적 반응을 정밀하게 분석한다. 뇌파(EEG), 안구 추적(Eye-tracking), 감정 반응 등을 측정하여 소비자의 주의, 기억, 감정을 파악하고 이를 통해 구매 결정을 유도한다. 브랜드 포지셔닝, 가격 차별, 한정판 출시, 충성 고객 관리 등은 모두 소비자의 욕구를 자극하기 위한 전략적 장치이다. 이러한 기술은 소비를 자유로운 선택이 아니라 조작된 습관으로 만들어 버린다. 자본주의는 이처럼 체계적 전략을 통해 욕망을 끊임없이 자극하고, 과소비를 사회의 표준으로 만들어 버렸다.

● 과소비 악영향 분석

현대 사회에 만연한 과소비는 그저 '월급이 통장을 스쳐 지나 갔다'는 우스갯소리로 치부할 가벼운 문제가 아니다. 과도한 소비문화는 개인은 물론 가정과 사회, 환경에까지 광범위한 악영향을 미친다.

과소비는 개개인에게 불안을 증폭시키고, 비교 속에서 열등감을 심화시킨다. 충동적 소비는 일시적 만족을 주지만 결국 더 큰 허무와 스트레스를 초래한다. 빚은 늘어나고 정신적 피로와 우울감은 심화되며 삶의 균형은 무너진다. 소비가 정체성의 수단이 될 때 인간은 자신의 본질을 상실해 버리고 공허 속에 갇히게 된다.

또한 과소비는 가정의 재정을 파탄으로 몰고 간다. 빚으로 인한 갈등은 부부 관계를 악화시키고, 자녀 교육과 생계마저 위태롭게 만든다. 물질 중심의 가치관은 가족 간의 사랑과 신뢰를 약화시킨다. 실제로 2023년 통계청 자료에 따르면, 우리나라의 이혼 사유 중 상당 부분이 성격 차이와 경제적 어려움으로 보고되었다. 이는 과소비와 같은 무분별한 지출이 가정 붕괴의 주요 원인으로 작용하고 있음을 보여 준다.

그뿐만 아니라 과소비는 사회적으로 불평등을 심화시킨다. 부유층과 서민층 간의 격차는 확대되고, 상대적 박탈감이 사회적 불안으로 이어진다. 청년층의 명품 소비 과열, 과도한 부동산 대출 경쟁은 사회적 파탄을 가속화한다. 과소비 사회는 겉으로는 화려하나 내면은 붕괴된 구조이다.

가장 심각한 악영향은 환경 파괴 문제다. 과소비는 환경 파괴의 직접적 원인이다. 자원 고갈, 폐기물 증가, 생태계 파괴, 기후 위기 가속화 등은 모두 과소비의 결과이다. 일회용품 남용, 패스트패션 애용, 잦은 전자 기기 교체 등은 지구를 돌이킬 수 없는 위기로 내몬다.

과소비 문제를 극복하기 위해서는 개인의 결단과 사회의 전환이 동시에 요구된다. 가장 중요한 것은 소비의 절제와 분별이다. 개인은 자신의 지출을 점검하고 필요와 욕망을 구분해야 하며, 이는 단순한 경제 훈련이 아니라 영적 훈련이라는 사실을 기억해야 한다.

성경은 돈을 단순한 소비의 도구가 아니라 하나님의 청지기적 책임의 영역으로 본다. 요셉이 풍년에 곡식을 저장하여 기근을 대비했던 것처럼(창 41:48), 우리의 저축과 소비도 자신만을 위한 것이 아니라 이웃과 미래 세대를 위한 구제의 창고가 되어야 한다.

디트리히 본회퍼는 세상 속에서 책임 있게 살아가는 신앙을 강조하며, 신앙인의 재정과 소비는 개인의 문제가 아닌 공동체의 책임이라고 역설했다. 따라서 교회와 신앙 공동체는 비교와 과시의 문화를 거부하고 감사와 자족의 문화를 확산시켜야 한다. 하나님 앞에서 우리의 소비를 바르게 관리하는 것은 곧 영혼을 지키는 행위이며, 이를 통해 과소비 사회를 넘어서는 대안이 가능하다.

결국 과소비의 문제는 경제적 현상이 아니라 영적 문제로 귀결된다. 돈과 소비의 방향은 곧 인간의 마음이 향하는 곳을 드러낸다. 성경적 재정 관리는 과소비로부터 인간의 영혼을 지키는 방패이며 공동체를 살리는 신앙적 결단이다.

4

빛지는 사회와
성경적 재정 운동

현대 사회를 자세히 들여다보면 누구나 크고 작은 빚을 지고 살아가고 있음을 알 수 있다. 불과 한 세대 전만 해도 남에게 돈을 빌린다는 것은 수치와 부끄러움의 일이었다. 빚은 숨겨야 할 치부였고, 가문의 불명예로 여겨졌다.

이제는 그 인식이 완전히 뒤바뀌었다. 주택을 마련하기 위해 대출을 받는 일은 너무도 자연스럽고, 대학에 진학하기 위해 학자금 대출을 받는 것은 보편적이다. 휴대전화나 가전제품을 할부로 구입하는 것은 일상이 되었으며, 현금을 내는 사람이 오히려 비정상적으로 보이기까지 한다.

이처럼 빚은 예외가 아니라 규범이 되었고 빚 없는 삶은 오히려 드문 현상이 되었다. 그러나 이러한 정상화는 결코 건강한 사회의 증거가 아니다. 오히려 구조적 불균형이 심화된 사회의 경고음이라 할 수 있다.

많은 사람이 빚을 개인의 무절제나 탐욕의 결과로 여긴다. 물론 개인의 책임이 전혀 없는 것은 아니다. 그러나 빚은 단순히 개인의 도덕성 부족으로 설명될 수 없다. 빚은 사회 구조 속에서 생산되고 심지어 장려된다. 과소비 사회의 필연적 산물이 곧 빚의 사회이다. 끊임없이 욕망을 자극하는 광고와 플랫폼, 지금 누리지 않으면 뒤처진다는 불안의 문화는 사람들을 소비의 굴레로 끌어들이며, 그 끝은 빚으로 귀결된다. 이처럼 빚은 소비를 지탱하는 구조적 장치로 기능하며 자본주의 체제의 핵심 동력으로 작용한다.

금융 자본주의는 빚을 더욱 정교하게 상품화하였다. 은행과 카드사는 끊임없이 새로운 대출 상품을 내놓고, 신용을 거래하여 이익을 극대화한다. "지금 당장 누려라. 갚는 건 나중에"라는 구호는 일상 언어가 되었고, 사람들은 그 함정을 인식하지 못한 채 서명한다. 그러나 그 뒤에는 높은 이자율과 상환의 부담이 숨어 있다. 금융회사의 이익은 누군가의 빚에서 나온다. 사회 시스템 자체가 빚을 전제로 작동하기 때문에 개인이 아무리 절제하려 해도 이 구조에서 벗어나기란 쉽지 않다.

국가 또한 빚의 공범이다. 정부는 경기 부양과 경제 성장을 명분으로 대출을 장려하며, 저금리 정책과 각종 금융 지원책을 통해 국민을 채무자로 만든다. 주택담보 대출의 확대, 학자금 대출 장려, 기업 부채 증대는 단기적 성장 효과를 가져오지만, 장기적으로는 사회 전체를 빚더미 위에 올려놓는다.

더욱 심각한 문제는 이 빚이 현재 세대에서 끝나지 않고 미래 세대에까지 전가된다는 점이다. 아직 태어나지 않은 세대가 이미 채무자로 태어나는 기형적 구조, 이것이 오늘날 우리가 직면한 현실이다.

성경은 이미 이 원리를 분명히 밝히고 있다. "부자는 가난한 자를 주관하고 빚진 자는 채주의 종이 되느니라"(잠 22:7) 빚을 지는 순간 인간은 자유를 상실한다. 겉으로는 자유롭게 선택한다고 믿지만, 실제로는 빚의 논리에 의해 지배받는다. 월급날이 되어도 그 수입은 온전히 자신의 것이 아니라 채권자의 몫이 된다. 빚은 단순한 금전적 부담을 넘어 존재 자체를 속박하는 사슬인 것이다.

이 자유의 상실은 개인을 넘어 사회와 교회까지 파고든다. 빚의 사회에서는 타인을 위한 책임은커녕, 자신을 지탱하기도 어렵다. 생존 자체가 버거운 상황에서 이웃 사랑은 사치로 전락한다. 빚은 사랑의 여지를 앗아 가며 공동체를 붕괴시킨다.

교회 또한 이 굴레에서 자유롭지 않다. 준비되지 않은 상태에서 무분별하게 확장 건축하거나, 예배당을 이전하거나, 분리 개척을 시도하여 무리한 대출을 받고 성도들에게 과도한 헌금을 요구하다가 결국 은행 이자에 종속되는 경우가 빈번하다. 사역이 하나님의 뜻보다 대출 상환 계획에 따라 조정되는 현실은, 금융기관이 하나님보다 더 큰 권위를 차지하는 역설적 풍경이다. 빚은 단순히 경제적 문제가 아니라 신앙의 자유를 파괴하는 영적 문제이다.

현실 속에서 빚의 파괴력은 구체적 수치로 드러난다. 한국의 청년 세대 절반 이상이 학자금 대출을 짊어진 채 사회에 첫발을 내딛는다. 사회에 진입하기도 전에 수천만 원의 빚을 지고 출발하는 이들이 자유롭게 꿈을 꾸고 도전하기란 사실상 불가능하다. 결혼과 출산은 미뤄지고, 삶의 선택은 빚에 의해 제한된다.

2025년 2분기 기준, 한국의 가계 부채는 약 1,950조 원에 달한다. 이 금액은 국내총생산(GDP)보다 많은 수준으로 국민이 한 해 동안 벌어들이는 소득만큼의 빚을 지고 있는 셈이다. 금리가 조금만 상승하거나 경기가 침체되면, 수많은 가정이 연쇄적 파산의 위험에 놓인다. 미국은 2008년 금융 위기에서 이를 여실히 보여 주었다. 주택담보 대출의 거품이 터지며 금융 시스템이 붕괴했고, 그 여파는 전 세계 경제 위기로 확산되었다. 이는 개인의 탐욕만이 아니라 빚을 전제로 설계된 사회 구조의 실패였다.

이처럼 빚은 개인을 파괴하고, 가정을 붕괴시키며, 국가를 위협하고, 교회와 신앙을 변질시킨다. 결국 빚은 단순한 경제적 현상이 아니라 사회 정의와 영적 자유를 동시에 무너뜨리는 구조적 병리이다. 따라서 이 문제는 경제학적 처방이나 정책적 개입만으로는 해결될 수 없다. 해답은 성경이 제시하는 하나님의 질서 속에 있다.

사도 바울은 "피차 사랑의 빚 외에는 아무에게든지 아무 빚도 지지 말라"(롬 13:8)라고 했다. 우리가 져야 할 유일한 빚은 돈이 아니라 사랑이다. 돈의 빚은 종속을 낳지만, 사랑의 빚은 자유를 낳는다. 존 웨슬리(John Wesley) 역시 빚을 영혼을 속박하는 족쇄로 보았으며 부지런히 벌고, 절제하며 모으고, 기쁘게 나누는 세 가지 재정 원칙을 강조했다. 그의 가르침은 개인 윤리를 넘어, 사회 전체를 자유롭게 하는 대안적 경제 질서였다. 절제와 나눔은 빚을 무력화시키는 가장 강력한 힘이다.

결론적으로 빚의 사회는 자본주의가 만들어 낸 구조적 함정이며, 이는 개인과 가정을 넘어 국가와 교회까지 속박한다. 성경은 빚을 경계하고 사랑의 빚만 지라고 명령한다. 우리가 취해야 할 길은 분명하다. 성경의 재정 원칙을 토대로 개인은 절제된 소비와 계획된 저축과 지혜로운 투자로, 교회는 빚 없는 사역과 나눔 실천으로, 사회는 빚이 아닌 공동선을 추구하는 경제 구조로 나아가야 한다.

절제와 나눔의 청지기적 삶, 빚 없는 자유의 질서를 회복하는 것이야말로 하나님이 주신 진정한 자유의 길이다. 이 자유를 위한 성경적 재정 운동이야말로 오늘의 시대가 반드시 회복해야 할 사명이다. 성경적 재정 원칙은 단순한 신앙의 교훈이 아니라, 사회적 위기를 치유하는 근본적 해법이다.

PART 4

특별관리자의 시선과 책임

돈을 다스리는 사람

1

특별관리자로
부름받다

우리가 지금까지 걸어온 모든 여정은 바로 이 순간을 위해 준
비된 과정이었다. 앞선 장들을 통해 우리는 돈의 본질을 이해하
고, 그것이 인간의 욕망과 신앙, 그리고 존재의 문제와 얼마나 밀
접하게 연결되어 있는지를 살펴봤다. 이제 그 과정의 종착점에
다다른 사람들에게 하나님은 아주 특별한 임무를 부여해 주신
다. 바로 하나님의 재정을 관리하는 청지기, 하나님의 '특별관리
자'로 부르시는 것이다.

하나님은 언제나 당신을 알고, 기억하며, 순종하는 자들을 택
하여 특별한 임무를 맡기신다. 그 임무는 세상 직업처럼 단순한
기능을 수행하고 운영하는 역할이 아니라, 하나님의 뜻을 이 땅
위에 대리 실현하는 사명이다.

153

하나님께서는 창조의 첫날부터 인간에게 이 임무를 위임하셨다. "하나님이 그들에게 복을 베푸셨다. 하나님이 그들에게 말씀하시기를 '생육하고 번성하여 땅에 충만하여라. 땅을 정복하여라. 바다의 고기와 공중의 새와 땅 위에서 살아 움직이는 모든 생물을 다스려라' 하셨다."(창 1:28, 새번역) 이 말씀은 인간에게 주어진 첫 사명이자 청지기직의 기원이라 할 수 있다.

하나님은 인간을 단순히 피조물로 세우지 않으시고, 하나님의 창조 세계를 대신 관리하고 돌보는 특별한 대리자, 곧 특별관리자로 임명하셨다. 특별관리자는 단순한 종이 아니다. 주인의 일을 대신 감당하는 대리자이며, 그가 섬기는 주인의 위대함에 따라 그의 가치와 권세는 달라진다.

세상의 대통령을 보좌하는 비서실장이 막강한 영향력을 지니듯, 우리는 하나님의 비서실장으로 임명받은 존재이다. 그분은 우리에게 자신의 창조 세계를 돌보며, 재정과 자원을 관리하고, 인간 사회 속에서 정의와 사랑을 실현하는 일을 맡기셨다. 이것이 바로 인간의 창조 목적이며 신앙의 핵심이다.

하나님은 당신의 일을 우리에게 위임하심으로, 우리를 단순한 수동적 존재가 아니라 하나님 나라의 공동경영자(Co-laborer)로 세우셨다. 일찍이 이 사명을 감당했던 사도 바울은 이런 고백을 남겼다. "사람이 마땅히 우리를 그리스도의 일꾼이요 하나님의 비밀을 맡은 자로 여길지어다 그리고 맡은 자들에게 구할 것은 충성이니라"(고전 4:1~2)

우리는 하나님의 비밀을 맡은 자다. 즉 하나님의 뜻이 세상 속에서 어떻게 드러나야 하는지를 실행하는 실무자요, 하나님의 계획을 현실로 옮기는 경영자이다.

● 특별관리자의 성품

특별관리자의 권위는 그가 섬기는 주인에게서 비롯된다. 따라서 특별관리자로 부름받은 사람의 첫 번째 과제는 주인의 성품을 닮는 것이다. 그가 누구의 부름을 받은 것인지, 누구에게 쓰임받고 있는지를 명백히 드러내는 것이다.

첫째로, 하나님은 사랑이시다(요일 4:8). 그분의 모든 행위는 사랑에서 시작되며, 사랑으로 완성된다. 따라서 특별관리자는 그 사랑의 성품을 자신의 중심에 새겨야 한다. 재정을 관리할 때도 자원을 다룰 때도 사랑의 성품으로 일해야 한다. 이익보다 사랑이 우선되어야 한다. 돈이 아니라 사람을 바라보는 눈, 계산이 아니라 긍휼을 품은 마음이 특별관리자의 출발점이다. 물질을 통해 생명을 세우는 관리자가 되어야 한다.

둘째로, 하나님은 존귀한 분이시다(시 8:5). 그분은 인간을 하나님의 형상으로 창조하시고 모든 사람에게 존귀함을 부여하셨다. 그러므로 특별관리자는 먼저 자신이 존귀한 존재임을 알아야 한다. 자신을 낮추거나 비하해서는 안 된다. 자기 자신을 존귀히 여기는 자만이 타인에게도 존귀함을 베풀 수 있다. 낮은 자존감은 탐욕과 비교를 낳고 돈에 끌려다니며 자기 동일화의 함정에 빠지게 된다. 반대로 자신을 하나님의 형상으로 바라보는 자는 돈의 지배를 받지 않고 그것을 다스릴 수 있다. 결국 돈을 도구로 다스리는 자유를 누리게 된다.

셋째로, 하나님은 자비로운 분이시다(눅 6:36). 자비는 단순한 동정이 아니라 죄인과 타락한 자를 향한 하나님의 회복의 마음이다. 하나님은 이스라엘을 남편 잃은 아내처럼 불쌍히 여기시며 그들을 다시 품으셨다.

특별관리자는 이 자비의 마음을 품고 사람을 대해야 한다. 모든 일을 주께 하듯 성심성의껏 임하는 태도, 이것이 바로 특별관리자의 기본자세이다. "무슨 일을 하든지 마음을 다하여 주께 하듯 하고 사람에게 하듯 하지 말라"(골 3:23)

하나님의 성품을 깊이 묵상해 보면 한 가지 공통된 원리를 발견할 수 있다. 그것은 바로 '주는 것(Give)'이다. 하나님은 사랑을 주시고, 존귀를 주시며, 자비를 주신다. 그 절정은 독생자 예수 그리스도를 우리에게 주신 사건이다(요 3:16). 하나님은 기버(Giver)이시다.

따라서 특별관리자 역시 주는 삶을 살아야 한다. 기버는 자신의 소유를 나누지만, 그 과정에서 더 큰 권리를 얻는다. 주는 자는 잃는 자가 아니라 하나님의 기쁨을 경험하는 자이다. 이 원리는 단순한 이타심이 아니라 영적 법칙이다. 주는 자는 하나님의 성품에 참여하게 된다. 하나님이 우리에게 주실 때 느끼신 기쁨을, 기버는 동일하게 맛본다. 주는 자는 축복의 통로가 되며 하나님은 그런 자를 통해 세상을 변화시키신다(롬 12:15).

● 특별관리자의 정체성

그렇다면 우리는 어떻게 주는 삶, 기버의 삶을 살아갈 수 있을까? 어떻게 특별관리자로서의 정체성을 바로 세울 수 있을까? 이를 위해 기억해야 할 다섯 가지 원리가 있다.

하나, 모든 것이 하나님의 소유임을 인정해야 한다. 특별관리자의 정체성의 출발점은 소유의 주체가 하나님이심을 인정하는 데 있다. 그러나 우리는 살아가며 흔히 "내가 일해서 번 돈이니 내 것이다"라고 생각한다. 그러나 성경은 분명히 말한다. "하늘과 모든 하늘의 하늘과 땅과 그 위의 만물은 본래 네 하나님 여호와께 속한 것이로되"(신 10:14)

모든 좋은 것과 완전한 선물은 하나님께로부터 온다(약 1:17). 하나님은 재물을 얻을 능력을 주는 분이시며, 우리가 일할 수 있는 힘과 기회를 주는 분이시다(신 8:18). 따라서 인간은 결코 독립된 소유자가 아니라 하나님의 위탁을 받은 관리자일 뿐이다. 세상의 소유와 부, 존재하는 모든 것은 다 하나님의 것이다.

펀드매니저로 근무하던 시절, 나는 고객이 맡긴 돈을 운용하며 그것이 결코 내 돈이 아님을 늘 인식해야 했다. 원래 주인의 의도가 있으며, 운용자는 그 뜻을 정확히 알고 집행해야 한다. 우리의 인생과 재정도 이와 같다. 모든 것이 하나님의 것이며, 우리는 그분의 뜻에 따라 운용해야 할 '하나님의 자산' 특별관리자이다.

한번은 청년이 상담을 요청한 적이 있다. 그는 "전 재산이 백

만 원밖에 없다"며 고민을 토로했다. 부모로부터 물려받은 재산
도 없고, 직장을 다녀도 돈이 모이지 않아 절망스럽다고 했다.
나는 그에게 모든 것이 하나님의 것이라는 진리를 전하며, 예수
그리스도의 말씀을 중심으로 재정 교육을 시작했다.

몇 달 후 그 청년은 변화되었다. 그는 더 이상 돈의 많고 적음
으로 자신의 가치를 판단하지 않았다. "모든 것이 하나님의 것이
며, 나는 그분의 자녀다"라는 신앙고백이 그의 삶의 중심이 되었
다. 자신이 하나님의 특별관리자로 부름받았음을 분명하게 깨닫
고 믿게 된 것이다.

둘, 새로운 존재가 되었음을 믿어야 한다. 특별관리자의 정
체성은 단순한 '태도'의 변화가 아니라 '존재'의 변화에서 비롯된
다. 예수 그리스도를 만난 사람은 삶의 방향만 바뀌는 것이 아니
라 존재 자체가 새로워진다. "그런즉 누구든지 그리스도 안에 있
으면 새로운 피조물이라 이전 것은 지나갔으니 보라 새것이 되
었도다"(고후 5:17) 앞서 나온 청년이 변할 수 있었던 이유는 바로 이
변화 때문이다.

그는 예수님을 영접함으로써 자신의 존재가 새로워졌고, 더
이상 돈이 적은 사람이 아니라 하나님의 부를 맡은 사람이 되었
음을 믿게 되었다. 이 변화는 마치 어둠 속에 있던 방 안에 빛이
들어오는 것과 같다. 하나님 안에서 새로운 정체성을 발견한 순
간, 인간은 비로소 자유로워진다. 특별관리자로 부름받는다는
것은 단순히 재정 관리의 직무를 맡는 것이 아니라, 삶 전체가 새
롭게 되는 영적 변화를 의미한다.

셋, 자존감을 높이는 연습을 해야 한다. 하나님께서 나의 아버지이며 모든 소유의 주인이시라는 사실을 깨달을 때, 인간은 세상의 부와 하늘의 부 사이의 간격을 넘어설 수 있다. 비록 현실의 재정적 상황은 넉넉지 않더라도 신앙의 눈으로 볼 때 우리는 이미 하나님의 부를 상속받은 자이다.

심리학자 나다니엘 브랜든(Nathaniel Branden)은 "건강한 자존감이란 삶의 도전에 맞설 수 있다는 믿음이며, 행복을 누릴 자격이 있다는 확신"이라고 정의했다. 특별관리자의 정체성은 바로 이 두 가지를 동시에 내포한다. 하나님이 우리를 선택하시고, 우리 안에 그분의 영을 두셨다는 사실 자체가 존재의 근거이자 자존감의 원천이다.

따라서 두려움이 아닌 담대함으로 돈을 다루어야 한다. 이는 단순한 자기 확신이 아니라, 하나님이 나를 이 일에 부르셨다는 소명의 확신이다. 내가 만난 많은 투자자들도 처음에는 숫자와 개념에 두려움을 느꼈다. 그러나 반복적인 학습과 작은 실천을 통해 점점 자신감을 얻게 되었다. 특별관리자 역시 배우고 실천하며 성장해야 한다. 실패가 있더라도 그것을 학습의 기회로 삼는다면, 하나님께서 그 과정을 통해 더욱 단단한 자존감을 세워 주신다.

넷, 하나님의 재정 원칙을 배워야 한다. 특별관리자는 단지 돈을 관리하는 사람이 아니라 하나님의 질서 속에서 재정을 해석하고 적용하는 사람이다. 하나님은 이미 성경 속에서 재정의 원칙을 분명히 밝히셨다. "사람이 무엇으로 심든지 그대로 거두

리라"(갈 6:7)

이 원칙은 도덕적 교훈이 아니라 창조 질서에 내재된 경제적 법칙이다. 정직하게 벌고, 절제하며 모으고, 기쁨으로 나눌 때 하나님의 질서 안에서 놀라운 결과가 나타난다. 농부가 계절의 법칙을 따라 씨를 뿌리고 인내할 때 반드시 추수의 기쁨을 맛보듯, 하나님의 재정 법칙을 따르는 자는 반드시 열매를 얻게 된다.

특별관리자는 이 법칙을 무시하지 않는다. 그는 매일의 재정 습관 속에서 씨를 뿌리는 심정으로 행동한다. 작은 헌신, 작은 절제, 작은 나눔이 모여 거대한 하나님의 경제를 이루는 것을 알고 있기 때문이다.

다섯, 기도로 무장해야 한다. 기도는 특별관리자의 생명선이다. 기도는 하나님의 뜻과 계획을 듣는 통로이며 우리의 재정이 하나님의 목적에 맞게 운용되도록 방향을 제시한다. 주인에게 상황을 보고하듯, 우리 역시 하나님께 모든 재정과 결정을 보고드려야 한다. 시작 보고, 중간 보고, 결과 보고의 과정을 통해 우리는 하나님의 음성을 듣고 성령의 분별력을 얻게 된다.

사도 바울은 염려하는 빌립보교회 사람들에게 "아무것도 염려하지 말고 다만 모든 일에 기도와 간구로, 너희 구할 것을 감사함으로 하나님께 아뢰라"(빌 4:6)라고 권면했다. 기도는 불안한 마음을 평안으로 바꾸고, 탐욕의 유혹을 차단하며, 하나님의 관점에서 재정을 바라보게 한다. 기도는 단순한 요청이 아니라 교제이다. 그 교제 속에서 특별관리자는 자신의 욕망을 내려놓고 주인의 뜻에 순종하는 담대한 용기를 얻는다.

하나님께서 특별관리자를 임명하신 이유는 단 하나이다. 그분의 마음을 이 땅 위에 대리 실현하기 위함이다. 특별관리자의 사명은 그저 돈을 관리하는 일이 아니라, 하나님의 사랑과 정의, 자비와 진리를 재정을 통해 구현하는 일이다.

따라서 특별관리자의 삶은 곧 예배이며, 그의 재정 운용은 예배의 연장선이다. 하나님은 부를 맡길 사람을 찾으신다. 그것은 돈을 잘 버는 사람이 아니라, 돈을 잘 흘려보내는 사람이다. "맡은 자들에게 구할 것은 충성이니라"(고전 4:2) 충성된 특별관리자는 세상의 부요보다 하늘의 영광을 더 크게 본다. 그는 돈을 다스리는 자로서 주인의 뜻을 세상 속에 실현하는 하나님의 대리자이다.

하나님께 임명받은 특별관리자, 그 이름은 세상의 재물을 다스리되 하늘의 가치를 따라 사는 사람이다. 그는 세상의 부를 사용해 하늘의 나라를 짓고, 돈을 통해 사랑을 전하며, 모든 삶을 통해 하나님께 영광을 돌리는 사람이다. 이것이 바로 하나님이 임명하신 특별관리자의 길이며, 그 길을 걷는 자는 이 땅에서 가장 자유롭고 가장 부요한 사람이다.

2.

영적 시선으로
바라보기

우리가 돈과 삶을 바라볼 때 가장 결정적인 영향을 미치는 것은 관점이다. 같은 상황을 두고도 전혀 다른 결론을 내리는 '프레이밍 효과'에 대해 앞에서 언급했다. 반쯤 찬 물컵을 보고 한 사람은 "물이 반밖에 없다"라고 말하고, 또 다른 사람은 "물이 반이나 있다"라고 말한다. 동일한 사실을 두고도 그것을 해석하는 마음의 태도에 따라 결과는 완전히 달라진다.

특별관리자의 마음가짐 역시 바로 이러한 관점에서 출발한다. 하나님께서 맡기신 자원, 시간, 은사, 재물은 절대적 양의 문제가 아니다. 그것을 어떻게 해석하고 바라보느냐의 문제이다. 세상은 결핍을 강조하고 비교를 부추기며 두려움을 조장하지만, 특별관리자의 시선은 정반대이다. 그는 은혜를 기억하고 감사하며 신뢰와 충성의 마음으로 해석한다. 언뜻 보기에 역설처럼 보이지만 이것이 바로 하나님 나라의 진리이다. 그렇다면 구체적으로 특별관리자의 시선은 무엇을 바라보는가?

● 소유가 아니라 정의

첫째, 특별관리자는 부족 속에서 풍성을 본다. 세상은 끊임없이 더 채워야 한다고, 더 가져야 한다고 외친다. 이것도 필요하고 저것도 있어야 한다는 메시지가 삶을 압박한다. 그래서 현대인은 늘 결핍의 문화 속에 살아간다. 차가 있어도 더 좋은 차를 원하고, 집이 있어도 더 큰 집을 원하고, 직업이 있어도 더 안정된 직업을 찾으며, 지금보다 더 모아야 불안이 사라진다고 믿는다. 그러나 이 결핍의 논리는 끝이 없다. 더 많이 가져도 만족은 오지 않고 채워도 또 다른 욕망이 생긴다.

특별관리자의 시선은 이와 다르다. 그는 부족 속에서도 풍성함을 본다. 하나님께서 공급자이심을 알기에 "물이 반밖에 없다"가 아니라 "물이 반이나 있다"라고 고백한다. 이것은 단순한 낙관주의가 아니다. 성경은 하나님께서 자신의 백성을 결핍을 통해 훈련하셨음을 반복적으로 증언한다.

이스라엘 백성의 광야 여정이 바로 그 대표적인 예이다. 그들은 만나를 주셨을 때는 고기가 없다고 불평하고, 고기를 주시면 다시 물이 없다고 원망하였다. 그러나 하나님은 그 모든 상황을 통해 자신의 충만함을 보여 주셨다. 광야의 부족은 실패가 아니라 하나님의 풍성함을 체험하는 기회였다.

특별관리자의 눈은 부족 속에서 은혜를 읽어 낸다. 부족은 끝이 아니라 시작이며, 인간의 능력이 멈추는 지점에서 하나님의 능력이 드러난다. 세상은 부족을 저주로 보지만, 특별관리자는 그것을 은혜의 통로로 본다. 하나님께서 사도 바울에게 "내 은혜가 네게 족하도다 이는 내 능력이 약한 데서 온전하여짐이라"(고후 12:9)라고 말씀하신 것처럼, 결핍의 순간은 곧 하나님의 능력이 임하는 시간이다.

둘째, 특별관리자는 소유가 아니라 정의를 본다. 세상은 사람을 재산, 직업, 권력 등 그가 가진 것으로 평가한다. 그러나 특별관리자는 다른 것을 본다. 하나님이 사람을 보시는 기준은 소유가 아니라 정의이다. 옳은 것을 행하고, 공평하게 대하며, 약자를 보호하는 태도야말로 하나님께서 기뻐하시는 삶이다(암 5:24).

불공정한 특권이나 불의한 이익은 결국 공동체를 병들게 한다. 반대로 정의롭고 공평하게 살아가는 사람은 신뢰와 존경을 얻는다. 현대 사회의 정의 추구는 인권, 평등, 공정한 기회의 문제와도 깊이 연결되어 있다.

특별관리자의 시선은 이러한 사회적 과제 속에서도 하나님의 정의를 기준으로 삼는다. 성경은 이를 분명히 밝힌다. "여호와께서 네게 구하시는 것은 오직 정의를 행하며 인자를 사랑하며 겸손하게 네 하나님과 함께 행하는 것이 아니냐"(미 6:8)

하나님은 사람이 얼마나 많이 가졌는가를 보시지 않고, 얼마나 정의롭게 행하는가를 보신다. 하나님은 공의로 세상을 세우셨으며(시 89:14), 예수 그리스도를 통해 억눌린 자를 해방시키셨고, 성령 안에서 새로운 공동체적 정의를 세우셨다. 정의는 단순한 사회적 원칙이 아니라 하나님 나라의 본질적 가치이다. 소유는 잠시 있다 사라지지만 정의는 영원히 남는다. 그러므로 특별관리자의 기준은 결코 소유가 아니라 정의이다.

🟡 바른 관계 드러내기

셋째, 특별관리자는 매사에 하나님 능력을 바라본다. 두려움은 인간의 본능이지만 동시에 믿음이 약해질 때 드러나는 불신앙의 그림자이기도 하다. 베드로가 예수님을 세 번 부인한 사건은 이를 잘 보여 준다(마 26:75). 그는 두려움 때문에 주님을 모른다고 말했고, 그 순간 믿음을 저버렸다. 그러나 회개 후 다시 세움을 받았다. 두려움은 하나님을 불신하게 만들지만, 신뢰는 회복의 길을 연다.

여호수아와 갈렙의 태도 역시 두려움과 신뢰의 차이를 명확히 보여 준다. 가나안 땅을 살펴본 열 명의 정탐꾼이 아낙 자손 앞에서 우리는 메뚜기 같다며 절망할 때, 두 사람은 "여호와는 우리와 함께 하시느니라 그들을 두려워하지 말라"(민 14:9)라고 고백하였다. 두려움은 인간의 한계를 바라보게 하지만, 신뢰는 하나님의 능력을 바라보게 한다.

특별관리자의 시선은 두려움 대신 신뢰를 선택한다. 두려움은 안전을 보장하는 듯 보이지만 실제로는 가능성을 가로막는다. 신뢰는 불가능해 보이는 길을 열고 약속의 땅으로 인도한다. 결국 두려움은 인간 중심의 시선이고, 신뢰는 하나님 중심의 시선이다.

넷째, 특별관리자는 이미 가진 것을 바라보며 감사한다. 세상은 더 가져야 행복하다고 말한다. 그러나 '조금만 더'라는 생각에는 끝이 없다. 아무리 조금 더 가져도 만족은 오지 않는다. 욕망은 바다와 같아서 아무리 흘려보내도 채워지지 않는다.

그러나 특별관리자는 감사 속에서 넘침을 경험한다. 바울은 감옥에서도 "어떠한 형편에든지 나는 자족하기를 배웠노니"(빌 4:11)라고 고백했다. 그에게 당장의 풍요와 가난은 중요하지 않았다. 소유의 양이 아니라 하나님 안에서 만족하는 법을 그가 배웠기 때문이다.

감사는 단순한 예의가 아니라 하나님이 주신 것으로 충분하다는 신앙의 선언이다. 열 명의 나병 환자 중 단 한 사람이 예수님께 돌아와 감사했을 때, 주님은 그의 믿음을 칭찬하셨다(눅 17:19). 감사는 감정이 아니라 하나님과의 바른 관계를 드러내는 행위이다. "여호와께 감사하라 그는 선하시며 그 인자하심이 영원함이로다"(시 136:1) 시편에서 이렇게 노래한 이유도 바로 여기에 있다. 감사는 하나님 나라의 언어이며, 영적 부요의 시작이다.

하나님께서 우리에게 맡기신 재정과 인생은 얼마나 가졌는가의 문제가 아니라 어떻게 바라보는가의 문제이다. 세상은 부족과 비교, 두려움과 욕망으로 인간의 마음을 조종하지만 특별관리자는 감사와 신뢰, 정의와 자족으로 그 모든 왜곡된 프레임을 바꾼다. 부족 속에서 풍성을 보고, 소유보다 정의를 택하며, 두려움 대신 하나님을 바라보고, 감사 속에서 만족할 때, 우리는 비로소 참된 특별관리자의 길을 걷게 된다.

물이 반만 있는 것이 아니라 하나님께서 주셨기에 반이나 있는 것이다. 이 역설의 고백이 곧 특별관리자의 마음이며 이 마음이 우리의 삶을 감사와 기쁨, 충성과 신뢰로 충만하게 만든다.

3

존 웨슬리의
재정 원칙

경영학에서 현금 흐름(Cash flow)은 기업의 생존과 미래를 결정하는 핵심 지표로 간주된다. 돈이 어디에서 들어오고, 어디로 나가며, 남는 자금이 어떤 방식으로 운용되는지를 살펴보면, 그 기업이 건강한지 혹은 병들었는지를 판단할 수 있다. 이 원리는 개인의 삶과 신앙에도 동일하게 적용된다. 한 사람의 '돈의 흐름'을 살펴보면 그의 마음과 믿음의 방향이 그대로 드러난다.

하나님의 특별관리자에게 돈의 흐름은 단순한 재정 관리의 문제가 아니다. 들어오는 돈(수입), 머무는 돈(저축과 소비), 나가는 돈(나눔과 투자)이 어디를 향하고 있는지가 곧 그 사람의 신앙의 방향을 증명한다. 이 원리를 누구보다 깊이 통찰한 인물이 바로 18세기 영국의 복음주의 부흥운동을 이끈 존 웨슬리이다. 그의 재정 원칙은 한마디로 '벌고, 절제하고, 나누라'라고 할 수 있다. 그는 복음 설교자에 머물지 않고, 돈과 신앙의 관계를 구체적이고 실천적으로 다룬 영적 경영자였다. 그가 남긴 재정 원칙은 세 가지로 요약할 수 있다.

- 할 수 있는 대로 많이 벌라.
- 할 수 있는 대로 많이 저축하라.
- 할 수 있는 대로 많이 나누라.

이 세 가지 원칙은 단순한 경제적 조언이 아니라 하나님이 맡기신 돈을 다루는 특별관리자의 삶의 방향을 제시하는 거룩한 질서이다.

● [1단계] 많이 벌라, 사명으로 일하는 수입

첫 번째 원칙은 '많이 벌라(Earn all you can)'이다. 웨슬리가 말한 '많이 벌라'는 단순히 부를 축적하라는 명령이 아니다. 그에게 노동과 수입은 곧 하나님께 드리는 예배의 연장이었다.

사도 바울은 "무슨 일을 하든지 사람에게 하듯이 하지 말고, 주님께 하듯이 진심으로 하십시오"(골 3:23, 새번역)라고 했다. 이 말씀은 노동이 세속적 행위가 아니라 신앙적 순종의 표현임을 보여 준다. 즉 일은 하나님께 드리는 봉헌이며, 수입은 그 결과로 주어지는 하나님의 열매이다. 따라서 특별관리자의 첫 번째 사명은 게으름을 버리고 성실히 일하는 것이다. 웨슬리는 이를 다음과 같이 요약하였다.

"근면은 경건의 길이며, 게으름은 죄악의 문이다."

그의 말은 노동의 신학을 압축적으로 보여 준다. 다시 말하지만 여기서의 '많이 벌라'는 탐욕이나 불의한 수단을 의미하지 않는다. 정직하고 성실하게, 타인을 해하지 않는 방식으로 일해야 한다. 이는 오늘날 경영학이 강조하는 지속가능한 경영(Sustainable management)의 정신과 맞닿아 있다. 단기적 이익이 아니라 정직과 사회적 책임을 기반으로 한 장기적 수익 창출이 더 큰 결실을 낳는다는 것이다. 웨슬리가 강조한 '정직한 소득' 원칙은 단지 18세기의 교훈이 아니라 오늘의 신앙과 경제 현실에도 여전히 유효하다.

🟡 [2단계] 많이 저축하라, 욕망을 다스리는 관리

두 번째 원칙은 '많이 저축하라(Save all you can)'이다. 특별관리자는 절제와 저축을 습관으로 삼아야 한다. 많은 사람이 수입이 늘면 그만큼 소비도 늘리는데, 그것이 때로는 과시적 소비로 이어지기도 한다. 웨슬리는 이러한 시대의 흐름을 정면으로 거슬렀다. 그는 수입이 30파운드일 때나 100파운드일 때나 생활비를 동일하게 유지하고 남는 돈은 선교와 구제에 사용하였다.

절제란 단순히 절약의 미덕이 아니라 욕망을 분별하고 다스리는 영적 통제의 행위이다. 예수님이 광야에서 금식하며 사탄의 시험을 이기신 사건은 바로 그 절제의 본질을 보여 준다. 예수님의 시험 승리는 말씀으로 욕망을 제압하고 하나님의 뜻에 따랐던 믿음의 승리, 영적 승리였다.

사도 바울은 "나는 비천에 처할 줄도 알고 풍부에 처할 줄도"(빌 4:12) 안다고 고백했다. 이는 단순한 환경 적응이 아니라 어떤 형편에서도 그리스도 안에서 만족할 수 있는 자족의 영성을 말한다. 이어지는 구절에서 그는 "내게 능력 주시는 자 안에서 내가 모든 것을 할 수 있느니라"(빌 4:13)라고 선언하는데, 이는 절제가 인간의 의지에서 출발하지 않고 오직 그리스도의 능력에서 비롯된 것임을 보여 준다.

나는 투자 현장에서 절제의 부재가 얼마나 위험한지 알 수 있는 한 사례를 보았다. 집사이기도 했던 그 투자자는 IT기업 임원으로 높은 연봉을 받고 있었다. 수입이 늘자 즉시 외제 차를 구입하고 고급 아파트로 이사했다. 소비의 규모가 점점 커졌다. 그러나 정작 헌금과 나눔에는 별 관심이 없었다. 결국 과도한 대출과 투자 실패로 그는 재정 파탄을 겪었다. 절제가 없는 번영은 몰락으로 이어진다는 사실을 절감케 한 사례였다.

특별관리자에게 절제는 단순히 돈을 덜 쓰는 기술이 아니라 무엇을 위해 소비하는지를 분별하는 영적 통찰이다. 절제를 통해 돈은 단순한 소비재가 아니라, 하나님 나라를 위한 자산으로 전환된다.

● [3단계] 많이 나누라, 사랑을 흘려보내는 섬김

세 번째 원칙은 '많이 나누라(Give all you can)'이다. 웨슬리에게 돈을 버는 목적과 절제하는 이유는 오직 나눔에 있었다. 나눔은 선택이 아니라 하나님의 은혜에 대한 응답이며 그리스도인이라면 누구나 감당해야 할 사명이다.

나눔은 손해가 아니라 생명을 살리는 하나님의 방식이다. 예수 그리스도의 십자가는 세상 눈에는 실패처럼 보였지만, 하나님께는 인류 구원의 완전한 승리였다. 이처럼 우리의 나눔도 재산의 감소가 아니라 생명과 공동체를 살리는 씨앗이 된다. 예수님은 "한 알의 밀이 땅에 떨어져 죽지 아니하면 한 알 그대로 있고 죽으면 많은 열매를 맺느니라"(요 12:24)라고 하셨다.

나눔은 곧 살리심의 은혜이다. 하나님의 사랑은 언제나 흘러가는 사랑이다. 웨슬리는 평생 수입이 크게 늘었지만 생활비는 거의 변함이 없었고, 나머지는 선교와 구제에 사용하였다. 그의 삶은 '나눔의 신학'이 실제로 가능함을 보여 주는 산 증거였다. 신학자 리처드 포스터(Richard Foster)는 『돈, 섹스, 권력』에서 이렇게 말한다. "물질의 노예가 되지 않는 유일한 방법은 그것을 흘려보내는 것이다. 움켜쥐는 순간부터 우리는 물질의 포로가 된다."

경영학적으로도 나눔은 손해가 아니다. 오늘날 기업은 사회적 기여와 기부를 통해 브랜드 신뢰를 구축하며, 이는 장기적으로 기업의 생존과 가치 창출의 기반이 된다. 마찬가지로 특별관리자의 나눔은 단순한 재정 행위가 아니라 돈을 하나님의 통치 아래 두는 신앙의 고백이다.

- 많이 벌되 탐욕이 아니라 사명으로.
- 절제하며 모으되 욕망이 아니라 경건으로.

- 기쁘게 나누되 의무가 아니라 예배로.

웨슬리가 제시한 이 세 가지 원칙은 단순한 경제생활의 지침이 아니다. 그것은 하나님이 주신 돈을 어떻게 사용해야 하는지를 보여 주는 거룩한 질서이다. 분명 웨슬리의 재정 원칙은 18세기 영국 사회를 넘어서 오늘의 경제 구조 속에서도 여전히 유효한 진리다. 이것이 특별관리자의 재정 윤리이자 하나님 나라의 경제학이다.

4.

돈의 다스림과
이윤의 균형

Shalom Finance

성숙한 특별관리자는 자신에게 맡겨진 일을 성실히 감당할 때 반드시 보상을 받는다. 이는 단순히 경제적 성과나 사회적 성공을 의미하지 않는다. 그리스도인에게 보상은 '하늘에 쌓이는 상급'과 깊이 연결되어 있다(마 6:20). 우리가 땅에서 충성스럽게 일하고, 정직하게 돈을 다스릴 때 하나님께서는 그 삶의 열매를 하늘에 기억하신다. 이때의 이윤은 숫자나 수익의 증가를 의미하지 않는다. 그것은 하나님 나라의 확장과 공동체의 세움을 위한 '영적 열매'이며, 이윤의 근본 목적은 바로 여기에 있다.

따라서 특별관리자의 충성은 하나님께 영광을 돌리는 행위이며, 그 결과로 주님 앞에서 "착하고 충성된 종"(마 25:21)이라는 칭찬을 듣게 된다. 이러한 보상은 세상의 평가와 달리 금전이나 명예로 환산될 수 없는 영원한 가치, 곧 하나님 나라의 기업을 상속받는 복으로 이어진다.

특별관리자는 하나님께서 주신 자산을 관리하고, 이윤을 추구하는 일에 부름받았다. 하나님은 인간이 일을 통해 하나님 나라를 세우도록 창조하셨으며, 경제활동 또한 그 부르심의 연장선에 있다. 성경은 달란트 비유(마 25장)를 통해 이 사실을 분명하게 가르친다.

● 달란트 비유의 교훈

예수님은 달란트 비유를 통해 돈을 다스리고 이윤을 추구하며 자원을 증가시켜야 함을 가르치셨다. 비유 속 주인은 타국으로 떠나기 전, 종들의 능력에 따라 각각 다섯 달란트, 두 달란트, 한 달란트를 맡겼다. 여기서 '달란트'는 금전 단위가 아니라 하나님께서 각 사람에게 맡기신 사명과 기회, 재능을 상징한다.

시간이 지나 주인이 돌아오자 종들이 그 앞에 나아왔다. 다섯 달란트를 받은 종은 장사하여 열 달란트를 남겼고, 두 달란트를 받은 종도 네 달란트를 만들어 돌려드렸다. 맡겨진 자본을 놀리지 않고 주인의 뜻을 따라 성실히 사용하여 이윤을 남긴 것이다. 이 두 종의 모습은 무엇을 보여 주는가?

하나는 사람마다 주어진 자신만의 사명이 있다는 것이다. 하나님은 사람마다 능력과 상황에 맞게 자원을 맡기셨다. 여기에는 예외가 없다. 받은 것이 많건 적건 그것을 성실히 감당해야 한다. 하나님께서는 말만 앞세우는 것이 아니라 행동하는 사람을 보신다.

다른 하나는 결과보다 태도가 중요하다는 것이다. 다섯 달란트를 열 달란트로, 두 달란트를 네 달란트로 만든 결과보다 중요한 것은 주어진 일에 충성하였는지의 여부이다.

하나님은 능력의 크기보다 마음의 방향과 태도를 보신다. "그 주인이 이르되 잘하였도다 착하고 충성된 종아 네가 적은 일에 충성하였으매 내가 많은 것을 네게 맡기리니 네 주인의 즐거움에 참여할지어다 하고"(마 25:21) 그렇게 보면 이 구절은 단순한 칭찬이 아니다.

이는 하나님께서 충성된 자에게 더 큰 사명과 책임, 그리고 주인의 기쁨에 동참하는 영광을 허락하신다는 선언이다. 즉 충성된 종은 단순히 두 배의 이윤이라는 경제적 성과를 넘어 하나님 나라의 확장과 사역의 기쁨에 참여하는 자가 된다.

한편, 한 달란트를 받은 종은 그냥 땅에 묻어 두었다가 그것을 꺼내 주인에게 돌려드렸다. 악하거나 부정한 행동을 한 것이 아니었다. 주인의 돈을 안전하게 보관했으나 아무런 이윤도 남기지 않았다. 그는 '주인이 굳은 사람'이라는 핑계로 자신의 행동을 합리화했다.

그러자 한 달란트를 돌려받은 주인은 어땠는가? 차라리 은행에 맡겨 이자라도 남겼어야 했다며 그를 책망했다. 문제는 게으름과 책임 회피였다. 하나님은 단순히 손해를 보지 않는 삶이 아니라, 자신에게 주어진 것을 활용하여 하나님의 뜻을 실현하는 적극적인 삶을 원하신다.

이 비유는 그리스도인이 단순히 도덕적이거나 방어적인 태도로 살아가는 것에 머물러서는 안 된다는 사실을 일깨운다. 하나님께서 주신 달란트, 즉 시간, 재능, 돈, 기회 등을 통해 적극적으로 선을 창출하고, 이윤을 통해 하나님 나라를 확장해야 한다는 것이다.

● 성실과 충성의 보상

"겸손과 여호와를 경외함의 보상은 재물과 영광과 생명이니라"(잠 22:4) 성경은 하나님께서 충성된 자에게 반드시 보상하신다고 약속한다. 여기서 '보상'이란 단순히 물질적 축복을 넘어 하나님께서 그 인생을 풍성하게 하시고, 삶의 질서와 기쁨, 그리고 생명의 복으로 채우신다는 의미이다.

하나님은 충성된 자에게 더 많은 재물과 사명을 맡기신다. 그러나 그 이윤은 결코 개인의 사사로운 만족을 위해 존재하지 않는다. 그것은 하나님께서 세상을 회복하시기 위한 통로로 사용되어야 한다. 즉 이윤은 사회와 교회, 이웃을 위해 사용될 때 진정한 의미를 가진다. 이렇게 흘러가는 부는 나눔과 구제, 선교와 섬김의 도구가 되며 그 자체가 하나님 나라의 일부분이 된다.

펀드매니저 시절 나는 고객의 자산을 성실히 관리하여 그들의 재정적 안정과 풍요를 돕는 일에 큰 보람을 느꼈다. 고객들이 만족하고 신뢰가 쌓이면서 나 또한 인정받고 성과를 누렸다. 그러나 어느 순간 보상이 목표가 되어 버렸다. 처음에는 성실함에서 자연스럽게 따라온 열매였으나, 점차 보상을 얻기 위해 성실을 행하는 잘못된 순서로 바뀌었다.

그 순간부터 하나님의 질서는 무너졌다. 본래 하나님께서 주신 사명은 성실한 관리자의 자세를 통해 이윤을 흘려보내는 것이었는데, 이윤 자체가 목적이 되자 사명은 변질되었다. 하나님 나라와 이웃을 위한 열심은 뒷전으로 밀려나고, 성과와 보상이 신앙의 자리를 차지하기 시작했다. 이윤이 우상이 되는 순간 특별관리자의 정체성은 흐려지고, 신앙의 방향은 잃어버린다.

이러한 유혹은 오늘날 그리스도인에게도 동일하게 다가온다. 교회 안에서도 '이윤'이라는 단어는 종종 세속적인 것으로 오해받지만, 본래 이윤은 하나님께서 주신 창조 질서의 일부이다. 문제는 이윤의 목적이 변질될 때 발생한다. 이윤이 하나님 나라를 위한 수단이 아니라 나 자신의 욕망을 위한 목표가 될 때, 그것은 더 이상 축복이 아니라 함정이 된다.

따라서 특별관리자는 언제나 자신을 냉철하게 점검해야 한다. 내가 얻은 이윤이 여전히 하나님과 이웃을 향해 흘러가고 있는가? 아니면 단순히 더 많은 수익을 남기는 것으로 목적이 바뀌었는가? 만약 후자라면 그것은 축복이 아니라 경고의 신호이다. 방향을 바꾸지 않으면, 그 이윤은 결국 자신을 삼키게 된다.

하나님은 관리자로서 우리에게 단순히 명령을 따르는 수동적 역할만을 맡기지 않으셨다. 오히려 판단하고 결정할 수 있는 권한과 책임을 함께 주셨다. 우리는 단순한 종이 아니라, 주인의 뜻을 품고 스스로 판단하며 돈을 다스리는 지혜로운 특별관리자로 부름받았다.

돈을 다스린다는 것은 하나님의 뜻을 따라 자원을 운용하고, 세상을 섬기며, 그분의 나라를 확장하는 것이다. 진정한 보상은 땅의 이윤이 아니라 하늘의 기업에 참여하는 영광이다.

하나님께서 맡기신 자원을 충성스럽게 관리하고, 정직과 겸손으로 이윤을 추구하는 자는 하나님 나라의 경제를 움직이는 동력이다. 이러한 사람을 통해 세상은 변화되고, 교회는 세워지며, 하나님의 뜻은 현실 속에서 드러난다. 돈을 다스리는 성숙한 특별관리자만이 이윤을 만들면서도 하나님 나라의 질서를 바로 세우는 참된 청지기로 서게 되는 것이다.

5

행동경제학으로
읽는
돈의 심리

행동경제학은 인간이 합리적인 존재라는 전통 경제학의 가정을 근본적으로 뒤흔든 학문이다. 전통 경제학이 인간을 '합리적 경제인(Homo economicus)'으로 전제하고 모든 의사 결정이 이성적 판단과 기대효용의 계산에 따른다고 보았다면, 행동경제학은 실제 인간의 행동이 감정과 심리에 의해 쉽게 흔들린다는 사실을 밝혀냈다. 다시 말해 인간은 언제나 계산적으로 사고하지 않으며, 때로는 편향된 사고와 직관적 판단으로 결정을 내린다.

이러한 통찰은 성경이 말하는 인간의 본성과도 깊이 닿아 있다. 성경은 인간이 죄로 인해 타락함으로써 하나님의 뜻에서 벗어나 왜곡된 판단과 선택을 하게 되었다고 말한다. "만물보다 거짓되고 심히 부패한 것은 마음이라"(렘 17:9)

행동경제학은 바로 이 부패한 인간 마음의 작동 방식을 과학적으로 보여 주는 도구라 할 수 있다. 그러므로 특별관리자는 돈을 관리할 때 단순한 재정 기술을 넘어 인간의 심리를 이해하고 말씀으로 교정해야 한다. 여기서는 인간과 돈의 심리를 잘 설명해 주는 행동경제학 개념들을 몇 가지 살펴본다.

🟡 전망 이론, 손실 회피와 죄의 본성

전망 이론(Prospect theory)은 인간이 이익과 손실을 대하는 태도가 결코 대칭적이지 않음을 설명한다. 동일한 금액이라 할지라도 이익의 기쁨보다 손실의 고통을 훨씬 더 크게 느끼는 경향이 있다. 이를 경제학에서는 '손실 회피(Loss aversion)'라고 부른다. 이 손실 회피 성향 때문에 사람들은 때로 손실을 피하려다 오히려 더 큰 손해를 자초하기도 한다.

성경은 이러한 본능적 두려움이 탐욕과 불신으로 이어진다고 진단한다. 아담과 하와는 하나님께서 주신 모든 것을 누리면서도 단 하나의 금지된 열매를 잃을까 두려워했고, 그 두려움은 결국 불순종으로 이어졌다(창 3장). 인간은 작은 손실조차 견디지 못해 더 큰 죄를 짓는 존재로 타락했다.

특별관리자는 손실의 공포보다 하나님의 공급하심에 대한 신뢰로 살아야 한다. 예수님은 "너희는 먼저 하나님의 나라와 하나님의 의를 구하여라. 그리하면 이 모든 것을 너희에게 더하여 주실 것이다"(마 6:33, 새번역)라고 말씀하셨다. 손실 회피의 본능을 이기는 길은 손익의 계산이 아니라 하나님의 약속을 붙잡는 믿음에 있다.

● 인지 부조화, 거룩한 불편함과 성화

인지 부조화(Cognitive dissonance)란 자신이 믿는 것과 실제 행동이 불일치할 때 생기는 내적 불편함을 의미한다. 인간은 이 불편함을 줄이기 위해 스스로를 합리화하거나, 반대로 행동을 바꾸어 심리적 일치를 이루려 한다. 행동경제학은 이러한 심리적 갈등이 인간의 의사 결정에 큰 영향을 미친다고 설명한다.

사도 바울은 이 내적 갈등을 누구보다 정직하게 고백했다. "원함은 내게 있으나 선을 행하는 것은 없노라"(롬 7:18) 신앙인의 삶에서 이러한 긴장은 끊임없이 반복된다.

나는 스스로 하나님의 특별관리자라 믿지만, 실제로 돈을 엉뚱한 데 쓰고 있다면 마음의 불편함이 생긴다. 이때 자기 합리화로 그 불편함을 덮어 버리면 영적 성장은 멈추고 만다. 하지만 회개와 성령의 인도로 행동을 바꾸면 성화가 일어난다.

따라서 특별관리자의 삶은 단순한 심리적 조정이 아니라 거룩한 불편함을 받아들이고 변화로 나아가는 여정이다. 이 불편함을 도피가 아니라 회개와 성장의 통로로 삼을 때, 돈을 다루는 습관도 말씀에 따라 교정된다.

● 확증 편향, 자기 의와 말씀의 빛

확증 편향(Confirmation bias)은 자신의 신념을 지지하는 정보만 받아들이고, 반대되는 정보는 무시하는 경향을 말한다. 인간은 객관적으로 판단한다고 믿지만 실제로는 이미 마음속에 세운 결론을 강화하는 방식으로 정보를 처리한다.

예수님 시대의 바리새인들이 그 대표적 사례였다. 그들은 성경의 메시아 예언을 자신들의 전통과 교리에 맞추어 해석했기에, 눈앞에 계신 예수 그리스도를 알아보지 못했다(요 9:41). 확증 편향은 신앙 안에서도 위험하다. 자기 의에 빠진 사람은 하나님의 음성보다 자기 확신을 더 신뢰한다.

특별관리자는 이러한 편향에서 벗어나야 한다. 재정과 투자, 그리고 경제 판단에 있어서도 자신의 생각보다 말씀을 기준으로 삼아야 한다. "주의 말씀은 내 발에 등이요 내 길에 빛이니이다"(시 119:105) 이 말씀의 빛은 우리의 판단을 비추어 잘못된 확신을 교정하고, 객관적 데이터와 진리의 균형 속에서 올바른 결정을 내리게 한다.

● 통제 환상, 하나님의 주권과 인간의 한계

통제 환상은 인간이 실제로 통제할 수 없는 일까지 스스로 조절할 수 있다고 믿는 착각을 말한다. 행동경제학은 이러한 심리가 도박, 복권 구매, 과도한 주식 투자 등의 비합리적 행동을 유발한다고 분석한다. 인간은 미래를 통제할 수 없는데도, 자신의 능력을 과대평가하여 불필요한 위험을 감수한다.

그러나 성경은 "사람이 마음으로 자기의 길을 계획할지라도 그의 걸음을 인도하시는 이는 여호와"(잠 16:9)이심을 분명히 선언한다. 이 사실을 알았던 욥은 모든 소유를 잃고도 "주신 분도 주님이시요, 가져가신 분도 주님이시니, 주님의 이름을 찬양할 뿐입니다"(욥 1:21, 새번역)라고 고백했다.

진정한 돈 관리의 지혜는 내가 통제할 수 있는 것과 통제할 수 없는 것을 구분하는 데서 시작된다. 통제 환상을 내려놓고 하나님의 주권을 인정할 때, 인간은 오히려 더 자유롭고 지혜롭게 재정을 다스릴 수 있다. 특별관리자는 결과를 조작하려는 불안한 손을 멈추고 하나님께서 주관하시는 시간 속에 자신을 맡길 줄 알아야 한다.

● 정박 효과, 과거의 집착과 하나님의 새 역사

정박 효과(Anchoring effect)란 처음 제시된 정보나 기준점에 과도하게 의존하여 판단이 왜곡되는 현상이다. 사람들은 최초의 가격이나 경험에 고정되어 새로운 정보를 제대로 반영하지 못한다. 투자에서도 일상 소비에서도 이런 경향은 자주 나타난다.

이스라엘 백성도 이러한 '심리적 정박'에서 자유롭지 못했다. 그들은 광야에서 하나님의 인도하심을 받으면서도 이집트의 고기를 그리워했다(민 11:4~6). 하나님께서 새 역사를 시작하셨음에도 옛 기준에 묶여 자유를 누리지 못한 것이다.

특별관리자의 돈 관리는 과거의 경험이나 이전의 손실에 묶여서는 안 된다. 하나님은 언제나 새로운 일을 행하신다. "보라 내가 새 일을 행하리니 이제 나타낼 것이라"(사 43:19)

신앙인은 과거의 경험이 아니라 미래의 소망, 즉 하나님의 약속에 따라 돈을 관리해야 한다. 하나님께서는 어제의 실패를 오늘의 교훈으로 삼으시고, 내일의 새로운 길로 인도하신다.

● 현상 유지 편향, 변화의 두려움과 제자의 길

현상 유지 편향(Status quo bias)은 특별한 이유가 없는 한 기존 상태를 유지하려는 인간의 성향을 뜻한다. 익숙한 방식이 안전하다고 느껴지기 때문에 사람들은 변화보다 안주를 선택한다. 행동경제학은 이것이 투자, 소비, 심지어 신앙생활에서도 나타난다고 지적한다.

그러나 예수님은 제자들을 익숙하고 안전한 자리에서 불러내셨다. "나를 따라오라"(마 4:19~20) 신앙은 안주가 아니라 순종의 길이다. 변화 없는 신앙은 성장하지 않는다. 특별관리자의 돈 관리 역시 그냥 하던 대로의 습관에 머물러서는 안 된다. 말씀 앞에서 새로운 질서를 세우고, 더 하나님 뜻에 합당한 재정 구조로 나아가야 한다.

행동경제학이 보여 주는 인간의 다양한 편향은 결국 성경이 말하는 죄성과 연약함의 다른 표현이다. 인간은 손실을 두려워하고, 자기 합리화를 시도하며, 자기 확신에 갇히고, 통제욕에 사로잡히며, 과거에 매이고, 변화를 두려워한다.

그러나 복음은 우리를 그 절망 속에 두지 않는다. 말씀과 성령은 우리의 왜곡된 심리를 교정하며, 하나님의 은혜는 우리의 실패를 덮으신다. 사도 바울은 이렇게 고백했다. "우리가 이 보배를 질그릇에 가졌으니 이는 심히 큰 능력은 하나님께 있고 우

리에게 있지 아니함을 알게 하려 함이라"(고후 4:7)

특별관리자는 스스로 완벽한 관리자가 되려고 애쓰는 사람이 아니다. 오히려 하나님의 은혜 안에서 깨지고, 교정되고, 다시 세워지는 사람이다. 행동경제학의 통찰은 인간의 연약함을 드러내는 도구이지만, 말씀과 성령은 그 연약함을 새롭게 빚어 하나님의 지혜로 이끄는 최종적 교정자이다. 이것이 바로 신앙 안에서 돈을 다스리는 진정한 지혜이며, 하나님께서 특별관리자에게 기대하시는 성숙한 청지기의 길이다.

PART 5

재정의 실천과 공공선

돈으로 삶을 설계하다

1.

돈이 시작되는 일터

Shalom Finance

하나님께서 주신 일터는 재정이 공급되는 하나님의 통로이다. 특별관리자는 단순히 돈만 관리하는 사람이 아니라 하나님께서 일터를 통해 주시는 자원을 책임감 있게 다루는 사람이다. 하나님은 우리가 일하는 그 자리에서 돈과 재물을 공급하시고, 동시에 믿음을 연단하시며, 하나님의 뜻을 실현하신다. 일터는 곧 하나님의 재정이 흘러나오는 장소이며 은혜의 현장이다. 특별관리자는 그 통로를 성실히 지켜 내야 하는 사명을 가졌다.

특별관리자는 하나님께서 주신 일터에서 바른 노동을 통해 소망을 품어야 한다. 하나님은 인간에게 일을 단순한 생존의 수단으로 주신 것이 아니라 그분의 창조 사역에 참여하는 거룩한 동역의 자리로 주셨다. 최초의 인간 아담에게 맡겨진 사명은 동

물들의 이름을 짓고, 에덴동산을 경작하고 지키는 일이었다. 곧 노동은 인간의 타락 이전부터 하나님과 함께 이루는 창조의 연장선이었다.

성경은 일이 하나님의 창조 질서를 담고 있음을 보여 준다. "생육하고 번성하여 땅에 충만하여라. 땅을 정복하여라. 바다의 고기와 공중의 새와 땅 위에서 살아 움직이는 모든 생물을 다스리라"(창 1:28, 새번역) 이 말씀은 인간이 일과 경영을 통해 세상을 돌보고 다스리며 하나님의 뜻을 실현하라는 부르심이다. 일은 하나님께서 인간에게 맡기신 세상 경영의 통로이며, 우리는 그분의 대리자로서 맡은 일을 통해 하나님의 영광을 드러내야 한다.

● 동기와 과정 평가

일터는 단순한 생업의 현장이 아니라 하나님께 보고드리는 사명의 자리이다. 회사에서 대표가 직원에게 일을 맡기면 직원이 중간 보고와 최종 보고를 통해 일의 방향이 맞는지 확인하듯, 신앙인 또한 자신이 하는 일을 하나님께 점검받아야 한다. 지금의 일은 하나님이 맡기신 사명임을 기억하고 그 일의 과정과 결과를 하나님께 올려야 한다. 하나님은 우리가 어떤 일을 하는지뿐 아니라, 어떤 마음으로 감당하고 있는지 주의 깊게 살피신다.

하나님은 결과보다 과정을 보신다. 업적이 크거나 재물이 많다고 해서 하나님이 더 기뻐하시는 것은 아니다. 오히려 그분은 우리가 일하는 태도와 동기, 그리고 중심의 정직함을 중요하게 보신다. 기독교의 일터 신학은 결과의 신학이 아니라 과정의 신학이다. 정직과 성실, 겸손과 믿음이 담긴 과정이야말로 하나님이 기뻐하시는 열매다.

과정이 부정하다면 아무리 눈부신 성과를 내도 그것은 하나님의 영광이 될 수 없다. 부정직하게 이익을 취하거나, 타인의 고통 위에 세운 성공은 결국 무너진다. 다윗이 밧세바를 취하기 위해 우리아를 죽음에 내몰았을 때, 하나님은 그 죄의 결과로 태어난 아이를 거두어 가심으로써 그 행위의 부정을 드러내셨다. 이 사건은 하나님께서 동기와 과정을 평가하신다는 사실을 우리에게 분명히 보여 준다.

● 정직해야 한다

특별관리자로 부름받은 그리스도인은 모든 일에서 정직해야 한다. 하나님은 "도둑질하지 말라 네 이웃에 대하여 거짓 증거하지 말라"(출 20:15~16)라고 명하셨고, "너희가 나를 사랑하면 나의 계명을 지키리라"(요 14:15)라고 말씀하셨다. 정직은 단순한 윤리적 덕목이 아니라 하나님을 사랑하는 신앙의 표현이다. 부정직한 태도로 일하는 것은 결국 하나님을 신뢰하지 않는다는 증거이며 하나님과의 관계를 멀어지게 한다.

이러한 믿음의 원칙을 바탕으로, 내가 사역하고 있는 WFM 재정사역연구소는 '하나님 앞에서 정직'이라는 모토 아래 재정 사역과 일터 사역을 함께 전하고 있다. 하나님은 우리의 수입의 크기보다 그것을 다루는 마음의 태도를 보신다. 정직은 단순한 도덕적 선택이 아니라 하나님 앞에서 드리는 예배의 행위이다.

현재 내가 사목으로 섬기고 있는 서인건축에서는 매주 직원들과 함께 직장 예배를 드린다. 찬양과 대표기도, 말씀 나눔 속에서 신앙인과 비신앙인이 함께 모인다. 놀라운 것은 예수님을 믿지 않는 직원들조차 정직의 메시지에는 모두 공감한다는 사실이다. 정직은 종교를 초월한 일터의 생명선이며 신뢰의 토대이다. 부정직한 조직은 언젠가 무너지고, 정직한 조직은 시간이 흐를수록 하나님의 신뢰와 축복을 얻게 된다.

예배 시간마다 나는 "일터는 또 하나의 예배당입니다"라고 말한다. 하나님은 주일의 예배뿐 아니라 월요일의 사무실에서도 우리를 보신다. 도면을 그리는 손끝 하나, 결재 서류의 문장 하나, 거래명세서의 숫자 하나에도 하나님의 시선이 머문다. 정직하게 일한다는 것은 단지 법을 지키는 수준이 아니라 하나님 앞에서 숨김이 없는 마음의 정직을 의미한다.

직원들과 상담할 때면 기술적인 어려움보다 인간관계의 문제를 자주 듣는다. 상사와의 오해, 동료 간의 경쟁, 불공평한 평가 등으로 마음이 상할 때 나는 늘 이렇게 조언한다. "정직하게 말해 보세요. 진심을 담아 솔직히 대화하면 하나님이 길을 여십니다." 경험상 대부분의 갈등은 정직하지 못한 대화에서 비롯된다. 감추거나 미루면 문제는 커지고, 진심으로 마주하면 관계는 회복된다. 정직은 관계의 문을 여는 열쇠이자 공동체를 세우는 힘이다.

🟡 일터는 예배의 자리

일터에서의 정직은 단순한 윤리가 아니라 하나님을 경외하는 믿음의 표현이다. 언제나 하나님 앞에서(Coram Deo) 살아가는 의식이 우리 안에 있다면, 우리는 아무도 보지 않아도 정직하게 일할 수 있다. 그것이 바로 신앙인의 일터 윤리이며, WFM 재정사역연구소가 추구하는 핵심 가치이다.

나 역시 그 길을 걸으며 배운 것이 있다. 정직하게 일할 때는 마음이 평안했고 하나님이 모든 결과를 책임지셨다. 그러나 어느 순간 돈이 많아지자 욕심이 생기고 정직보다 효율과 이익을 우선시하게 되었다. 그 결과는 참담했다. 수익이 사라지고, 관계가 무너지고, 결국 빚만 남았다. 그때 하나님께서 깨닫게 하셨다. 정직을 잃으면 축복도 사라진다는 것을 말이다.

하나님은 우리의 태도와 자세를 보고 그릇의 크기를 정하신다. 정직하게 일하는 자에게는 더 큰일을 맡기시고, 부정직한 자에게는 더 이상 일을 맡기지 않으신다. 하나님은 그분의 나라를 확장하기 위해 정직한 특별관리자, 곧 신뢰할 만한 청지기를 찾고 계신다.

성공과 성과는 결코 요행으로 주어지지 않는다. 정직한 수고와 신실한 태도의 열매로 주어진다. 투자든 사업이든 쉽게 얻은 이익은 오래가지 못한다. 땀의 무게만큼, 정직의 깊이만큼 하나님은 열매를 허락하신다.

결국 우리의 일터는 하나님께서 맡기신 사명의 현장이다. 그곳에서 충성스럽게 일하고 정직하게 감당하는 자에게 하나님은 반드시 필요한 공급을 주신다. 그것이 하나님의 특별관리자에게 주어지는 축복의 원리다. 하나님은 오늘도 정직한 사람에게 당신의 재정을 맡기신다. 그리고 그 사람을 통해 세상의 일터는 거룩한 예배의 자리로 바뀌어 간다.

2

수익의 철학: 정직, 성실, 모범

한 사회의 구성원으로서 살아가는 인간은 저마다 나름의 소득처를 갖고 있다. 그 종류를 분류하자면 크게는 두 가지, 노동 수익과 자본 수익으로 나눌 수 있다. 노동 수익은 주로 임금의 형태로 주어지며, 자본 수익은 예금 이자, 주식 배당, 임대 소득 등이 있다. 특별관리자는 이 사실을 파악하고 자신의 수익을 지혜롭게 잘 관리할 책임이 있다.

● **노동 수익**

하나님의 형상대로 창조된 인간은 노동을 통해 하나님과 함께 세상을 경작하고 돌보는 일에 참여한다. 신학자 C. S. 루이스 (C. S. Lewis)는 "우리가 하는 가장 세속적인 일조차도 하나님 안에서 행할 때는 거룩해진다"라고 말했다. 그리스도인은 일터에서 정직과 성실로 근무할 때, 그 일터 자체가 예배의 자리가 되고 곧 선교지가 됨을 기억해야 한다.

일터는 생계를 유지하는 공간을 넘어 하나님이 인간에게 맡기신 창조 사역에 동참하는 자리이다. 일터에서 얻은 수익은 단순한 금전적 결과가 아니라 정직하고 성실하게 일한 결과로 주어진 하나님의 선물이며, 그 사용까지도 하나님께 영광을 돌리는 예배적 의미를 가진다. 즉 우리의 땀과 노동은 하나님이 기뻐하시는 축복의 통로이다. 나의 수고와 노동으로, 일터에서 그리스도의 제자로서 일할 때 얻는 월급이 곧 정직한 수익이다.

이렇게 형성된 정직한 수익은 개인에 머무르지 않는다. 먼저 가정에 흘러 들어가 정직한 사용으로 이어진다. 또한 교회에서는 정직한 수익이 정직한 헌금으로 드려져, 교회의 재정을 깨끗하게 하고 선교와 구제 사역에 건강한 재원을 마련한다. 더 나아가 사회와 국가로 흘러가면, 정직하게 사용된 돈은 세금과 소비를 통해 사회적 신뢰를 높이고 공정한 경제 생태계를 촉진한다. 이렇게 정직한 수익은 가정, 교회, 사회, 국가를 세우는 거룩한 씨앗이 된다.

존 스토트(John Stott)는 "그리스도인은 세상의 부패를 막는 소금이며, 정직은 그 소금의 맛"이라고 말했다. 정직의 땀방울은 개인을 넘어 사회 전체로 확산되는 파급력을 가진다. 경제학에서는 이를 '긍정적 외부 효과(Positive externality)'라고 부른다. 한 사람의 정직이 사회 전체의 신뢰 수준을 높이고, 부패를 줄이며, 경제

생태계를 건강하게 만드는 힘이 되는 것이다.

정직한 수익은 내 통장을 채우는 것을 넘어 하나님 나라를 세우는 거룩한 도구가 된다. 오늘의 작은 성실이 가정을 든든히 하고, 교회를 살리며, 국가를 정화하여 결국 모두가 함께 풍요를 누리는 세상을 만든다. 그렇게 흘러가는 정직한 수익은 마침내 사회를 훈훈하게 하고 주님께서 기뻐하시는 공공선을 이룬다.

● 자본 수익

특별관리자로서 다뤄야 하는 그다음 수익은 자본 투자이다. 저축, 주식, 펀드, 부동산 등에 투자하여 재생산의 수익을 얻는 것이다. 정직하게 일한 노동의 대가가 개인과 사회의 기반을 세운다면, 정직하게 운용된 자본 투자는 그 기반 위에서 더 큰 공공선을 일으키는 힘이 되고 또 다른 수익과 가치를 창출한다.

특별관리자는 지혜롭게 성경적인 투자를 하여 하나님 자원을 선순환하게 만들 책임이 있다. 노동 수익의 잉여 자본으로 운용한다. 자본의 올바른 운용은 개인의 부를 늘리는 수단을 넘어 교회와 사회와 국가의 정의, 그리고 하나님 나라의 확장을 이끌어내는 통로가 된다.

자본 수익(Capital income)은 노동 없이 얻는 부당한 이익이 아니라, 이미 이뤄진 노동과 축적된 자본이 사회의 생산적 과정에 참여하여 만들어 내는 정당한 보상이다. 주식의 배당은 기업의 성장에 참여한 대가이고, 임대 수익은 거주와 생산의 공간을 제공한 대가이며, 예금 이자는 금융의 순환 구조를 유지하는 보상이다. 이러한 자본의 순환이 공정하게 작동할 때, 자본은 단순한 사적 이익을 넘어 사회적 신뢰와 경제적 안정이라는 공공선을 낳는다.

개혁자 칼빈(John Calvin)은 『기독교 강요』에서 "부는 하나님의 선한 섭리 속에 있으며, 그것은 절제와 나눔 속에서 사용될 때 거룩해진다"라고 하였다. 즉 자본 수익은 죄가 아니라 탐욕으로 사용될 때만 죄가 된다. 자본의 정당한 이익은 하나님의 창조 질서 안에서 '돌봄과 재생산'의 원리를 이루는 것이다.

예를 들어 주식이나 펀드 투자는 단순한 투기 행위가 아니다. 기업의 성장과 사회적 가치를 함께 세우는 경제 행위이다. 이익도 마찬가지다. 정직한 기업에 투자한다는 것은 그 기업의 노동자, 제품, 사회적 영향력에 동참하는 일이며 이를 통해 일자리가 창출되고 기술이 발전하며 사회가 풍요로워진다.

신학자 아브라함 카이퍼(Abraham Kuyper)는 "그리스도께 속하지 않은 영역은 단 한 치도 없다"라고 말했다. 경제 영역 또한 하나님의 주권 아래 있으며 정직한 투자와 생산은 그분의 통치에 동참하는 영적 사역이다. 주식 투자는 돈을 통한 사역의 확장이다. 공정하고 투명한 기업에 투자하고, 부패한 구조에는 동조하지 않는 결단은 그리스도인의 신앙고백이 된다.

다른 예로 임대 수익도 마찬가지다. 자본의 또 다른 형태로 '공간의 나눔'이라 할 수 있다. 집과 땅은 인간의 생존 기반이며 임대인은 그 기반을 맡아 관리하는 특별관리자이다. 공정한 임대는 개인의 재산권을 넘어 사회적 책임을 수반한다. 지나친 임대료는 타인의 삶을 억압하지만 합리적이고 배려 있는 임대는 주거 안정과 사회적 신뢰를 세운다.

신학자 존 하워드 요더(John H. Yoder)는 "하나님 나라의 정의는 정치 제도를 넘어, 공동체의 경제적 관계 속에서 구현되어야 한다"라고 했다. 따라서 임대 수익은 단순히 부동산에서 얻는 금전이 아니라 관계의 정의와 공동체의 평화를 세우는 경제적 실천이 된다.

임대의 공의는 하나님께서 이스라엘에게 명하신 희년의 정신과 같다. 희년의 핵심은 "토지는 다 내 것"(레 25:23)이라는 하나님의 선언이며, 인간은 그 땅을 잠시 맡은 특별관리자로서 공정하게 관리해야 한다는 것이다. 정직한 자본 수익의 운용은 개인과 교회와 사회와 국가 모든 영역에 신뢰와 정의를 세운다. 자본의 축적이 탐욕을 위한 수단이 되면 불의가 되고, 사랑과 정의를 위한 도구가 되면 하나님의 공공선이 된다.

프랜시스 후쿠야마(Francis Fukuyama)는 "신뢰는 국가의 번영을 결정짓는 가장 강력한 자산"이라고 말했다. 신뢰가 높을수록 사회의 거래 비용이 낮아지고, 공동체의 협력이 쉬워진다. 이 신뢰의 토대는 바로 정직한 자본의 움직임 속에서 자란다. 정직한 자본 수익이 개인의 삶을 안정시키고, 가정의 기반을 세우며, 기업의 도덕성을 높이고, 국가의 신뢰를 회복할 때, 그것은 단순한 경제적 성장의 결과가 아니라 하나님 나라의 질서가 사회 속에 구현된 증거가 된다.

● 한 방은 없다

특별관리자가 자본 수익을 다룰 때 반드시 기억해야 할 핵심은 욕심의 통제이다. 투자는 언제나 합리와 감정이 교차하는 영역이며, 욕망은 그 균형을 무너뜨리는 가장 위험한 요소이다. 자본을 운용하는 목적은 하나님께서 맡기신 자산을 바르게 관리하여 선한 열매를 맺는 데 있으나, 많은 경우 그 목적이 흐려지고 개인의 수익 증대로 초점이 옮겨 가곤 한다. 그러면 투자자는 자신도 모르게 통제력을 잃게 된다.

욕심은 판단을 흐리게 하고, 위험 감수 능력을 마비시키며, 신앙적 가치보다 감정적 기대에 따라 행동하게 만든다. 특히 단기간에 고수익을 노리는 마음은 '한 방'이라는 환상을 만들어, 신중한 분석과 분별을 무시하게 만든다. 그러나 실제로 이러한 투자는 대부분 실패로 끝나며 남는 것은 손실과 후회뿐이다. 특별관리자는 이러한 유혹을 반드시 분별해야 한다.

그렇다면 현실적으로 '한 방의 높은 수익'이 가능할까? 이론적으로 살펴보면 투자 수익의 구조는 두 가지 핵심 지표로 나눌 수 있다.

하나는 절대 수익(Absolute return)이다. 이는 투자 원금 대비 얼마의 이익을 얻었는지를 나타내는 지표로, 투자금이 클수록 수익의 절대 금액 또한 커진다.

다른 하나는 위험 조정 수익률(Risk-adjusted return)이다. 이는 동일한 수익을 달성했더라도 그 과정에서 얼마나 큰 위험을 감수했는지를 함께 고려하는 지표이다. 다시 말해 수익률은 위험과 자본의 크기라는 두 축 위에서 결정되며, 높은 수익을 기대한다면 필연적으로 높은 위험을 감수해야 하고 그만큼의 자본이 투입되어야 한다.

이론적으로는 단기간에 큰 수익을 거두는 일이 가능해 보일 수 있다. 그러나 실제 투자 현장에서의 경험에 비추어 보면, 그러한 사례는 극히 드물며 대부분 일시적이다. 폭발적인 단기 수익은 언제나 높은 변동성과 손실의 위험을 수반하며, 대규모 자본 투입이 필요한 경우가 많다. 이러한 수익은 장기적으로 유지되거나 반복되기 어렵다.

결국 '한 방의 요행'은 통계적으로나 현실적으로나 유효하지 않다. 그것은 확률적으로 매우 낮은 예외적 사건일 뿐이며, 대부분의 투자자는 그 환상을 좇다가 오히려 자산의 상당 부분을 잃게 된다.

특히 특별관리자의 관점에서 그러한 접근은 더욱 부적절하다. 특별관리자는 일반 투자자와 달리 전체 자산의 대부분을 투자에 운용하지 않는다. 통상적으로 전체 자산의 10~15% 정도의 잉여 자산만을 투자 대상으로 삼으며, 이는 단기간 고수익을 노릴 만큼의 규모가 아니다.

설령 충분한 자금이 있다 하더라도 '한 방'의 수익을 추구하는 태도는 특별관리자의 신앙적 정체성과 부합하지 않는다. 그리스도인의 투자는 이익의 극대화가 아니라 하나님 뜻의 실현을 목표로 해야 한다.

투자는 하나님의 창조 질서 안에서 자산을 돌보고, 시대의 경제 흐름을 분별하며, 잉여 자산을 지혜롭게 운용함으로써 합당한 수익을 얻고 그 과정을 통해 하나님께 영광을 돌리는 행위이다. 따라서 특별관리자에게 투자란 요행을 통한 부의 획득이 아니라 하나님의 질서에 순종하며 정직하게 자본을 운용하는 신앙의 실천이다.

3.

성경적 투자 지침

물질적 풍요와 불확실성이 교차하는 시대, 시장은 끊임없이 요동친다. 금리 인상, 지정학적 갈등, 기술 혁신, 소비 심리의 변화 등 다양한 요인이 자산 가격을 급변하게 만든다. 이러한 시장의 흔들림은 단순한 숫자의 등락을 넘어, 투자자의 감정과 신념을 시험하는 무대가 된다.

성경적 투자는 이처럼 불안정한 환경 속에서도 흔들리지 않는 기준을 세우는 영적 훈련이다. 말씀에 뿌리내린 투자자는 탐욕과 공포 사이에서 균형을 잡고, 세상의 소음 속에서도 하나님의 뜻을 분별하는 지혜를 구한다. 수익보다 순종을, 타이밍보다 인내를 선택하며, 결국 시장의 파도 속에서도 평안과 열매를 누린다.

● 성경적 투자 원리

이제 특별관리자가 따라야 할 성경적 투자의 원리를 네 가지로 정리해 본다.

첫째, 절제의 원리이다. 전 재산이 아니라 잉여 자본으로 투자하는 것이다. 성경적 투자는 하나님께서 주신 질서 안에서 절제와 분별로 이루어져야 한다. 먼저 하나님께 드릴 것을 구별하고, 가정의 필요를 충족한 뒤에 남는 잉여 자본으로만 투자를 해야 한다. 이는 단순한 재정 규칙이 아니라 신앙의 질서를 지키는 일이다.

성경은 이렇게 말했다. "빚진 자는 채주의 종이 되느니라"(잠 22:7) 빚을 내어 투자하는 순간 우리는 재정의 주도권을 잃고 '돈의 종'이 된다.

한 사람은 대출을 다 갚기도 전에 고위험 상품에 투자했다가 큰 손실을 본 반면, 다른 사람은 생활비와 저축을 분리해 매달 일정 금액을 장기적으로 운용해 안정적으로 미래를 준비했다. 이 둘의 차이는 수익률에 있지 않고 신앙의 태도에 있다.

잉여 자본 원칙은 남는 돈으로 놀라운 일을 하라는 뜻이 아니라, 하나님이 주신 분량 안에서 충성하라는 명령이다. 절제의 투자는 탐욕의 충동을 이기는 영적 훈련이며, 가정을 지키고 하나님 앞에 정직하게 서는 것이다.

둘째, 인내의 원리이다. 성경적 투자는 단순히 돈을 불리는 행위가 아니라 하나님의 질서 안에서 정직하게 수익을 만들어

가는 과정이다. 투자(Investment)는 투기(Speculation)와 다르다. 투자가 기업의 상생과 사회의 발전에 기여하는 행위라면, 투기는 불확실한 미래의 변동을 이용해 단기간에 큰 이익을 얻으려는 행위로 결과보다 이익의 크기와 속도를 우선시한다. 전자는 신뢰의 행위이고, 후자는 탐욕의 모험이다.

투자는 기업과 사회의 생산적 활동에 함께하는 '참여적 행위'이지만, 투기는 불안과 탐욕에 휘둘린 '도박적 행위'로 변질된다. 성경은 이런 조급한 마음을 경계하며 "부지런한 자의 경영은 풍부함에 이를 것이나 조급한 자는 궁핍함에 이를 따름이니라"(잠 21:5)라고 경고한다. 투자는 인내의 열매를 맺지만, 투기는 탐욕의 가시를 남긴다.

투자와 투기를 구분하는 한 가지 팁은 '시간'에 대한 태도다. 한 사람은 10년 동안 꾸준히 장기 펀드에 투자하여 소박한 결실을 얻었고, 또 다른 사람은 단타 매매로 단기간에 큰돈을 벌려다 모든 자본을 잃었다. 진정한 투자는 하나님의 시간표를 신뢰하며 기다리는 일이다. 성경적 투자자는 '빠른 돈'이 아니라 '바른 돈'을 추구한다. 그 인내의 과정이 곧 신앙의 성숙이며, 하나님께 드리는 또 하나의 예배이다.

셋째, 분별의 원리이다. 자신의 상황을 파악하고 그에 맞게 투자하는 것이다. 하나님은 모든 사람에게 같은 양의 재물을 맡기지 않으셨다. 같은 환경을 허락하지도 않으셨다. "각각 그 재능대로"(마 25:15) 달란트를 주셨듯, 투자에서도 자신의 형편과 성향에 맞는 분별이 필요하다. 성경적 투자자는 남의 방식을 흉내

내지 않고, 자신에게 허락된 분량 안에서 지혜롭게 관리하는 사람이다.

예를 들어 안정적인 급여를 받는 직장인은 장기 펀드나 채권을 통한 꾸준한 분산 투자가 유리하다. 반면 소득이 일정하지 않은 프리랜서는 현금 유동성을 확보하고, 소액으로 위험을 분산하는 전략이 필요하다. 모든 사람에게 동일한 전략이 통하지 않는 이유는, 하나님께서 각자에게 다른 환경과 리듬을 주셨기 때문이다.

분별없는 투자는 신앙의 불안을 낳고, 분별 있는 투자는 하나님이 주신 분량을 인정하는 겸손으로 이어진다. 투자의 지혜는 하나님의 뜻 안에서 나에게 맞는 길을 찾는 것이다. 이것이 바로 특별관리자의 분별이며, 성경적 투자자의 균형 잡힌 태도이다.

넷째, 신뢰의 원리이다. 금전적인 결과보다 과정 속의 순종을 택하는 것이다. 성경적 투자는 수익의 크기로 평가되지 않는다. 하나님은 우리가 얼마나 순종했는지를 보신다. "너는 마음을 다하여 여호와를 신뢰하고 네 명철을 의지하지 말라"(잠 3:5)라는 말씀처럼 투자의 본질은 계산이 아니라 믿음이다.

시장은 끊임없이 변하고 예측은 언제나 불완전하다. 성경적 투자자는 결과를 통제하려 하기보다 그 과정을 하나님께 맡기며 정직하게 최선을 다한다. 때로는 손실을 통해 교만이 다듬어지고, 때로는 수익을 통해 감사의 마음을 배우게 된다. 순종은 손익의 문제가 아니라 신앙의 영역이다. 투자는 믿음을 훈련하는 시간이며 결국 하나님께 결과를 맡길 줄 아는 사람에게 참된 평안이 임한다.

절제하고, 인내하며, 분별하고, 신뢰하라. 이것이 성경적 투자자가 지켜야 할 네 가지 믿음의 원리이다.

● 성경적 투자 방법

그렇다면 위의 원리를 바탕으로 어떻게 구체적으로 돈을 관리할 수 있을까? 특별관리자가 취해야 할 성경적 투자법을 세 가지로 정리해 본다.

하나, 장기 투자 상품을 이용하라. 성경적 투자는 단기 수익을 추구하는 행위가 아니다. 시간 흐름, 물가 상승, 시장의 이동을 이해하며 중장기적 투자를 해야 한다. 현재의 자산을 점검하고, 중장기적 투자 전략을 세워 꾸준히 수익을 쌓아야 한다.

단기적으로 얻은 이익은 변동성에 휩쓸리기 쉽지만 시간 속에서 정직하게 쌓이는 부는 오히려 더 깊은 안정과 만족을 가져온다. 시간은 하나님께서 인간에게 주신 가장 공평한 자산이다. 이 시간을 어떻게 활용하느냐가 투자 성패의 핵심이며 또한 신앙의 성숙을 보여 주는 지표이기도 하다. 내가 투자 현장에서 자주 강조했던 말이 있다.

"투자에는 요행이 없다."

한순간의 한 방은 그만큼의 위험을 감수해야 가능하며, 우연히 얻은 단기적 수익은 결국 제자리로 돌아가기 마련이다. 진정한 투자란 5~10년 이상을 내다보며 꾸준히 안정적으로, 그리고 인내하며 운용하는 것이다. 시간은 하나님의 방식으로 작동한다. 급하게 얻은 이익은 사라지지만 정직하게 쌓은 부는 하나님께서 그 근본을 지켜 주신다.

둘, 분산 투자하라. 성경적 투자는 분산 투자로 진행된다. 분산 투자는 수익을 높이기 위한 전략이 아니라, 위험을 줄이는 방법이다. 여러 자산군에 나누어 투자함으로써 특정 시장의 위험에 휘둘리지 않도록 보호하고, 전체적인 재정의 균형을 유지해야 한다.

성경은 모든 것을 한곳에 걸지 말라고 경고한다. "이 세상에서 네가 무슨 재난을 만날지 모르니, 투자할 때에는 일곱이나 여덟로 나누어 하여라."(전 11:2, 새번역) 이 말씀은 재정의 원리만이 아니라 인간의 유한함을 인정하라는 신앙의 원리이다.

세상은 불확실하고, 우리는 미래를 예측할 수 없다. 그렇기에 하나님은 분산의 지혜를 통해 인간이 스스로의 한계를 깨닫게 하신다.

성경적 투자는 모험이 아니라 책임 있는 준비이다. 이렇게 위험을 나누고 균형을 세우는 것은 단지 경제적 안전망을 위한 조치가 아니라 하나님의 질서와 조화의 원리를 따라 사는 삶의 방식이다.

셋, 공정하고 투명한 기업에 투자하라. 성경적 투자는 수익률보다 투명성과 정직이 우선되어야 한다. 수익률만을 좇는 투자는 불투명하거나 부정직한 제안을 매력적으로 보이게 만들고 결국 손실과 후회를 남긴다. 반면 기업의 투명성과 윤리적 가치, 경영자의 정직성을 우선적으로 검증한다면 그 투자는 단순한 재정 활동을 넘어 하나님께 드리는 예배적 행위가 된다.

성경은 부의 축적보다 부의 출처와 과정을 더 중요하게 여긴다. 하나님은 결과보다 과정을 보신다. 정직한 과정을 통하여 쌓인 돈만이 하나님께서 맡기실 수 있는 참된 돈이다. 거짓과 탐욕으로 얻은 돈은 잠시의 풍요로 보일지라도 결국 사라진다. 그러나 정직과 신뢰 위에 세워진 재정은 흔들림이 없다.

4.

Shalom Finance

정직한 노동 수익과 자본 수익을 얻었다면, 그다음 단계는 관리이다. 관리가 잘못되면 정직한 수익조차 탐심의 도구로 전락하지만, 바른 관리가 이루어질 때 그 수익은 하나님 나라를 세우는 자원이 된다.

하나님은 돈을 단순히 인간의 만족을 위해 주신 것이 아니라 맡겨진 자원을 통해 하나님의 목적을 이루도록 하셨다. 따라서 돈의 관리란 신앙의 실천이며, 재정의 윤리란 곧 믿음의 표현이다. 이것이 특별관리자의 사명이다.

정직한 수익 관리는 다음의 다섯 항목으로 구분된다.

● 헌금 : 십일조, 감사, 선교

헌금은 단순한 금전의 분리가 아니라 삶의 주권을 하나님께 되돌려 드리는 신앙적 선언이다. 성경은 "네 재물과 네 소산물의 처음 익은 열매로 여호와를 공경하라"(잠 3:9)라고 명한다. 이는 하나님께서 우리의 수입의 '주체'가 아니라 '근원'이심을 고백하는 행위이다. 칼빈은 이렇게 말했다. "하나님께서 주신 것을 다시 그분께 되돌려 드릴 때, 인간은 비로소 가장 바른 자리에 선다."

즉 헌금은 단지 무엇을 바치는 행위가 아니라 하나님을 주인으로 인정하는 관계의 회복이다. 십일조는 신앙의 계산법이 아니라 신뢰의 공식이며, 감사 헌금과 선교 헌금은 하나님 나라의 확장을 위한 동역의 표현이다. 돈의 첫 열매를 하나님께 드리는 사람은 이후의 모든 수입에서도 자유를 누린다. 왜냐하면 그는 이미 주인의 자리가 자신이 아닌 하나님께 있음을 인정했기 때문이다.

● 생활 소비 : 의식주

소득이 주어졌다고 해서 그것을 무분별하게 사용하는 것은 관리의 실패이다. 성경은 소비에 대해서도 명확한 기준을 제시한다. "우리가 먹을 것과 입을 것이 있은즉 족한 줄로 알 것이니라"(딤전 6:8) 이 말씀은 단순히 검약을 권하는 문장이 아니라 만족의 영성을 회복하라는 초대이다.

절제는 가진 것을 아끼는 절약을 넘어 욕망의 주도권을 하나님께 되돌려 드리는 행위이다. 디트리히 본회퍼는 탐욕을 "하나

님보다 더 많이 가지려는 욕망"이라고 정의했다. 탐욕의 본질은
물질의 양이 아니라 하나님보다 더 많은 것을 바라보는 인간의
시선에 있다.

오늘날의 소비 사회는 '더'라는 단어로 끊임없이 우리를 지
배한다. 광고는 결핍을 자극하고, SNS는 비교를 강화한다. 그러
나 절제의 사람은 가진 것보다 비워진 마음이 더 큰 부요임을 아
는 사람이다. 진정한 절제란 무엇을 포기하는 것이 아니라, 더 가
치 있는 것을 위해 덜 중요한 것을 내려놓는 결정이다. 절제는 곧
자유이며, 자유는 곧 신앙이다.

● 준비 및 예비 : 저축, 은퇴 준비, 자녀 교육

성경은 "지혜 있는 자의 집에는 귀한 보배와 기름이 있으나 미
련한 자는 이것을 다 삼켜 버리느니라"(잠 21:20)라고 말하며 지혜
로운 대비의 중요성을 강조한다. 지혜로운 사람은 단순히 저축하
는 사람이 아니라 미래를 준비하는 사람이다. 저축은 목적이 아
니라 수단이다. 하나님께서 맡기신 일을 안정적으로 감당하기 위
한 최소한의 대비이며, 그 자체가 신앙의 표현이 되어야 한다.

특별관리자는 이 예비비를 통해 위기 속에서도 하나님 나라
의 일을 멈추지 않도록 준비한다. 예비비는 자신을 지키기 위한
돈이 아니라 어려움 가운데서도 하나님의 일을 지속할 수 있는
신앙의 완충장치이다.

또한 예비비는 다음 세대를 위한 책임이기도 하다. 자녀 교육
을 위한 준비는 세속적 성공이 아니라, 하나님의 부르심에 합당

한 인생을 세우기 위한 사명이다. 하나님께 소망을 두지 않는 준비는 불안이 되지만 하나님을 의지하는 준비는 평안을 낳는다. 결국 특별관리자의 준비는 불안을 막기 위한 대비가 아니라 믿음으로 내일을 여는 지혜로운 행위이다.

● 나눔과 섬김 : 구제, 장학, 선교

나눔은 선택이 아닌 사명이다. 하나님께서는 축복을 '순환 구조'로 설계하셨다. 주면 채워지고, 흘려보내면 다시 돌아온다. 나눔은 하나님을 신뢰하는 사람만이 할 수 있는 영적 모험이며, 하늘의 창고를 여는 신앙의 열쇠이다.

오늘의 교회가 가장 많이 잃어버린 것은 돈이 아니라 흘려보내는 믿음이다. 나눔은 자신의 것을 잃는 일이 아니라 하나님의 나라에 투자하는 행위이다. 진정한 특별관리자는 소유의 증가보다는 흐름의 회복을 추구한다.

● 투자와 일터 : 장기 투자 및 윤리적 금융

마태복음 25장의 달란트 비유는 특별관리자의 핵심 정신을 드러낸다. 주인은 종들에게 각각 다른 달란트를 맡겼다. 그 뜻은 단순한 이윤 추구가 아니라 맡겨진 자원을 생산적으로 순환시켜 더 큰 선을 이루라는 명령이다. 하나님은 자원을 묻어 두는 사람보다 신앙 안에서 용기 있게 움직이는 사람을 기뻐하신다.

C. S. 루이스는 "돈은 도구다. 그것이 무엇을 사랑하는 데 쓰이느냐에 따라 축복이 되거나 우상이 된다"라고 했다. 투자는 돈

을 사랑하는 행위가 아니라 사랑을 실천할 수 있는 도구를 어떻게 운용할 것인가의 문제이다. 윤리적 투자, 사회적 기업, 공정 무역 등은 달란트 비유의 현대적 실천 형태라 할 수 있다. 수익의 크기보다 그 수익이 만들어지는 방식과 쓰임의 방향이 하나님 앞에서 중요하다.

아래 내용은 성경적 재정 관리 원칙을 실제 생활(월 소득 300만 원, 4인 가족 기준)에 적용한 예시이다. 비율은 대략적인 수치로 개인 및 가정의 상황에 따라 조정 가능하다.

헌금(12%)

십일조 30만 원, 감사·선교 헌금 6만 원 등 총 36만 원.

헌금의 우선순위를 분명히 하되 가정의 여력을 고려하여 설계한다.

생활 소비(48~52%)

의식주 및 교통, 교육 등에 쓰이는 생활비 144~156만 원.

필수 고정비를 우선 확보하고 불필요한 소비를 철저히 배제한다.

준비 및 예비(14~18%)

저축, 은퇴 준비, 자녀 교육 등 총 42~54만 원.

항목별로 구체적으로 분리하여 미래를 대비한다.

나눔과 섬김(4~6%)

구제, 장학, 선교 등 총 12~18만 원.

가족이 함께 참여하는 방식으로 훈련과 교육 효과를 겸한다.

투자와 일터(13~15%)

장기 ETF 펀드, 윤리적 금융 상품, 보험 등 39~45만 원.

장기적 안정을 추구하면서도 사회적 가치 창출을 함께 고려한다.

5

거룩한 소비와 재정 관리: 장년, 청년, 교회 리더

Shalom Finance

● 장년 재정

장년기는 인생에서 가장 많은 재정적 결정을 내려야 하는 시기이다. 이 시기의 사람들은 이미 일정한 자산을 축적하였으나 동시에 자녀 교육비, 주거 마련, 부모 부양, 은퇴 준비 등 삶의 다양한 과제를 동시에 마주하고 있다.

따라서 장년기의 재정은 단순한 숫자의 문제가 아니라 가정 전체의 삶의 무게이며 가족의 안정과 신뢰, 나아가 미래를 결정짓는 중요한 요인이라 할 수 있다.

이 시기에 반드시 던져야 할 질문이 있다. "나의 재정은 지금 누구를 위하여, 무엇을 향하여 사용되고 있는가?" 장년기 재정의 과제는 단순히 생활비를 조정하거나 수입을 관리하는 일이 아니라 하나님의 나라를 어떻게 설계할 것인가를 결정하는 시간이다.

경영학자들은 40~60대를 '최대 생산성 구간'이라 부른다. 경제적 수입이 가장 높고, 업무 능력이 절정에 이르는 시기이기 때문이다. 그러나 신학적 관점에서 보면 이 시기는 '특별관리자 정신'이 가장 빛나야 하는 시기이기도 하다. 소득이 많아질수록 하나님을 잊기 쉬우며, 지출이 복잡해질수록 하나님 나라를 위한 지출은 뒤로 밀려나기 때문이다.

따라서 장년기의 재정 관리는 단순한 현금 흐름의 문제가 아니다. 이는 자신의 가치관이 어디를 향하고 있는지를 점검하는 영적 행위이다. 가계부 안에 나와 내 가족을 위한 항목만 가득한지, 아니면 하나님의 영광을 위한 지출이 포함되어 있는지 스스로 성찰해야 한다. 한 사람의 지출 구조를 보면 그의 마음이 어디를 향하고 있는지를 분명히 알 수 있다.

장년기의 핵심은 '미래에 대한 준비'이다. 성경이 말하는 미래 준비는 단순한 축적이 아니라 하나님을 신뢰하는 지혜로운 대비이다. 요셉을 기억하라. 그는 이집트의 총리로서 고대 중동 사회 최초의 국가 재정 전략가이자 리스크 관리자로 일하였다. 그는 7년의 풍년 동안 곡식을 저장하여 7년의 흉년을 대비했는데, 이는 공급망 붕괴와 사회 불안을 예견한 신앙적 리스크 분산 전략이었다. 요셉은 하나님의 계시에 순종하여 그 시대를 구한 특별관리자의 본을 보여 주었다.

경영학자 피터 드러커(Peter Drucker)는 "미래는 예측의 영역이 아니라 준비의 영역"이라고 말했다. 요셉의 재정 운영은 철저한

계획과 영적 순종이 결합된 성경적 자산 운용의 모범이었다. 오늘의 장년기를 살아가는 특별관리자들은 이 시대의 요셉이 되어야 한다. 충동적 소비나 단기적 수익에 매몰되지 않고, 예상 가능한 위험을 대비하며, 믿음 위에 계획을 세우는 지혜가 필요하다.

불안은 더 많은 축적을 요구하지만 믿음은 필요한 만큼 계획하고 남는 것은 이웃과 하나님 나라를 위해 흘려보내는 결단을 가능하게 한다. 이는 하나님 중심의 유동성 전략, 즉 자원을 정체시키지 않고 하나님의 뜻을 따라 순환시키는 청지기의 원리라 할 수 있다. 장년기는 재정을 쌓아 두는 시간이 아니라 신앙으로 준비하고 선하게 사용하는 시간이다. 이것이 바로 성경이 말하는 재정 관리의 핵심이며, 특별관리자의 정체성이다.

자녀 양육과 교육

오늘날 부모들은 자녀를 경쟁력으로 키우려는 경향이 강하다. 영어 유치원, 사교육, 예체능 레슨 등 자녀 교육비는 가계 지출의 상당 부분을 차지한다.

그러나 성경은 자녀를 "여호와의 기업"(시 127:3)이라 부른다. 이는 자녀가 부모의 자랑이나 사회적 성공의 수단이 아니라 하나님께서 맡기신 거룩한 사명임을 의미한다.

교육비는 수익률로 계산할 수 없는 자산이다. 그러나 신앙의 관점에서 보면 하나님을 경외하는 마음, 정직한 인격, 자기 주도적 삶의 태도는 세월이 지나며 거대하게 자라는 '신앙 자산'이 된다. 따라서 교육비는 단순한 스펙 투자가 아니다. 자녀의 신앙과 인격을 세우는 훈련비로 사용되어야 한다. 부모가 자녀와 함께 기도하고, 말씀을 나누며, 예배의 자리를 지키는 삶 자체가 가장 값진 '교육 투자'이다. 이 방향으로 돈이 쓰일 때 그 지출은 곧 하나님 나라를 세우는 거룩한 사용이 된다.

주거와 부동산

많은 이들이 인생의 재정을 내 집 마련에 집중한다. 주거는 중요하지만 그것이 곧 삶의 안전을 보장하는 최종적 방패가 될 수는 없다. 실제 자산 운용의 관점에서도 주거용 부동산은 유동성이 낮고, 장기 보유 비용이 발생하는 묶인 자산이다. 문제는 이러한 자산이 때로는 믿음까지도 묶어 버릴 수 있다는 사실이다.

성경은 집을 하나님께 드리는 '거룩한 장막'으로 묘사한다(출 25:8). 즉 가정은 단순한 거주 공간이 아니라 예배와 나눔, 섬김이 흘러나오는 하나님 나라의 기지이다. 그러나 부동산이 안정과 보장의 상징이 될 때 그것은 곧 불안의 원인이 된다. 가격의 등락에 따라 마음이 흔들린다면 이미 그 집은 우리의 신앙보다 앞선 자리에 놓인 것이다.

예수님은 "여우도 굴이 있고 공중의 새도 거처가 있으되 인자는 머리 둘 곳이 없다"(마 8:20)라고 하셨다. 그분은 이 땅에 집이 없으셨으나 하나님 나라를 가장 풍성히 이루셨다. 따라서 부동산을 다룰 때 '안정 욕구'와 '증식 욕망'이라는 두 유혹을 분별해야 한다. 좋은 집에서 사는 것은 잘못이 아니나 그 집이 하나님의 뜻과 무관한 욕망의 결과라면 다시금 점검해야 한다.

은퇴 준비

은퇴 자금은 단순히 노후를 보장하기 위한 축적이 아니다. 이는 인생의 마지막 재정 흐름을 어떻게 정리하며, 신앙의 방향성을 다음 세대에 어떻게 남길 것인가의 문제이다.

"하나님이여 내가 늙어 백발이 될 때에도 나를 버리지 마시며 내가 주의 힘을 후대에 전하고 주의 능력을 장래의 모든 사람에게 전하기까지 나를 버리지 마소서"(시 71:18) 이 시편 말씀은 은퇴 이후의 삶이 끝이 아니라, 사명을 이어 주는 시간임을 보여 준다.

자산 운용의 관점에서도 은퇴 자금은 소비성 자산이 아니라 목적성 자산이다. 나를 위한 소비로만 사용될 때 자산은 빠르게 소모되지만, 하나님 나라와 다음 세대를 위한 목적이 분명할 때 그것은 '유산'이 되어 세대 간 신앙의 흐름을 만든다. 은퇴 준비는 경제적 독립이 아니라 신앙적 성숙의 결실이다. 삶의 마지막 예산표는 하나님께 드리는 마지막 예배가 되어야 한다.

강릉의 한 교회에서 만난 집사 부부의 삶은 이러한 특별관리자의 모습을 잘 보여 준다. 이들은 세 자녀를 둔 평범한 성도였으나 재정에 있어 뚜렷한 신앙의 원칙을 가지고 있었다. 학원에 의존하지 않고, 매일 저녁 가족이 식탁에 둘러앉아 말씀을 읽고 서로를 위해 기도하였다. 어머니는 이렇게 고백했다.

"처음에는 불안했습니다. 다른 집 아이들은 학원을 다니는데 우리는 말씀과 기도로만 가니, 혹시 뒤처지지 않을까 걱정이 되었죠. 그런데 시간이 지나자 아이들이 스스로 공부 계획을 세우고, 어려움이 있을 때 기도하는 모습을 보며 깨달았습니다. 아, 하나님이 부모보다 더 좋은 교사이시구나."

아이들 역시 그 믿음을 삶으로 배웠다.

"처음에는 친구들이 부러웠는데, 지금은 어떤 일을 만나도 먼저 하나님께 묻게 되었어요. 그게 제 인생의 진짜 자산이라는 걸 알게 됐습니다."

이 부부는 재정도 동일한 원칙으로 운영했다. 자녀 교육비를 줄이는 대신 선교와 구제에 헌신하며, 아이들에게도 저축보다 나눔이 먼저라는 신앙의 습관을 가르쳤다. 그들의 삶은 겉으로는 평범했지만, 그 안에는 하나님 나라의 질서가 정직하게 흐르고 있었다. 이러한 믿음의 가정이야말로 다음 세대에 신앙의 유산을 남기는 특별관리자의 참된 모형이라 할 수 있다.

장년기의 재정 운용은 단순한 생존이나 성공의 문제가 아니다. 그것은 하나님께 드리는 삶의 예배이다. 매월의 예산서 한 장 한 장이 하나님 앞에 올려지는 향기로운 제물이 될 수 있다. 따라서 중요한 것은 얼마나 버느냐가 아니라 어떻게 사용하느냐, 얼마를 남기느냐가 아니라 무엇을 남기느냐이다.

재정의 중심이 하나님 나라에 있을 때 인간은 비로소 불안에서 자유로워지고, 그의 가정과 자녀 세대는 그 믿음의 유산 안에서 자라나게 된다. 장년기의 재정은 단순한 경제의 문제가 아니라 하나님께 드려지는 신앙의 고백이다. 그 고백 위에 하나님은 반드시 풍성한 은혜로 응답하실 것이다.

● 청년 재정

오늘날의 청년 세대는 삶이 고달프다. 'N포 세대'라는 이름 아래 연애, 결혼, 출산, 인간관계, 주거 심지어 꿈과 희망마저 포기한 채 하루하루 살아가고 있다. 그리고 그 포기의 중심에는 언제나 '돈'이 자리한다. 돈이 없어서 연애를 미루고, 돈이 없어서 결혼을 포기하며, 돈이 없어서 아이를 낳지 못하고, 돈이 없어서 사람을 피하며, 결국 돈이 없어서 꿈을 접는 시대이다.

그러나 성경은 "오직 의인은 믿음으로 말미암아 살리라"(롬 1:17)라고 말씀한다. 믿음으로 사는 삶은 돈으로 사는 삶과 본질적으로 다르다. 믿음으로 사는 청년은 수중에 가진 것이 적을지라도 하나님을 신뢰하며 걸어가는 용기를 가진다.

돈은 부르심의 도구

세상은 돈을 기회의 문으로 본다. 돈이 많으면 문이 열리고, 없으면 닫힌다고 여긴다. 그러나 성경은 분명히 다른 원리를 제시한다. "우리가 먹을 것과 입을 것이 있은즉 족한 줄로 알 것이니라"(딤전 6:8)

자산 운용의 관점에서 보면, 자산은 수익률과 리스크의 함수이다. 그러나 신앙의 관점에서 돈은 단순한 수치가 아니라 '무엇을 위해 존재하는가'의 문제이다. 돈은 '기회'가 아니라 '부르심'을 이루는 도구이다. 하나님께서 부르셨다면 그분은 반드시 필요한 것을 채워 주신다. 다만 하나님의 방식으로, 하나님의 때에 이루실 뿐이다. 청년이라면 기회에 매달리기보다 부르심에 귀를 기울여야 한다. 그때 적은 월급도, 부족한 통장도 하나님의 손에 들린 도구가 된다(눅 16:10).

나는 펀드매니저로 일하던 시절에 늘 투자자들에게 이렇게 말했다. "작은 돈이 진짜 돈입니다. 큰돈을 운용하기 전에 작은 금액에서도 원칙을 세울 수 있어야 합니다." 신앙의 원리 또한 이와 같다. 작은 것에서부터 최선을 다해야 한다.

무엇보다 수입을 정직하게 기록하라. 이는 하나님의 주권을 인정하는 첫걸음이다. 그다음 우선순위를 분명히 정하라. 가장 먼저 하나님께 드릴 몫을 구별하는 것이 예배의 시작이다. 그리고 한 달의 예산을 기도하며 계획하라. 하나님과의 동행은 재정에서도 드러난다. 청년일수록 '많이 가진 사람'이 아니라 '잘 관리하는 사람'으로 훈련되어야 한다. 이 훈련이 훗날 장년기, 그리고 교회의 지도자로서의 삶으로 이어지게 된다.

소비는 예배의 행위

청년기의 소비는 자아를 표현하는 수단으로 변질되기 쉽다. SNS 속 멋진 삶을 위한 소비는 결국 자기 자신을 드러내기 위한 지출로 귀결된다.

그러나 예수님은 이렇게 말씀하신다. "너희는 먼저 하나님의 나라와 하나님의 의를 구하여라. 그리하면 이 모든 것을 너희에게 더하여 주실 것이다."(마 6:33, 새번역)

하나님의 나라와 의를 구하는 청년은 소비의 방향이 다르다. 그의 소비는 충동이 아니라 선택의 과정, 욕망이 아니라 신앙의 실천이다. 멀리서 찾을 필요 없이 가까이에서부터 실천을 시작할 수 있다. 스타벅스 한 잔을 줄이고, 그 금액으로 선교를 후원하라. 의미 없는 구독 서비스를 정리하고, 도움이 필요한 이웃을 섬겨라. 옷 한 벌을 덜 사고, 지역의 어려운 친구를 도우라. 이러한 소비의 선택이 예배가 되고, 그 지출의 질서 속에서 하나님의 나라가 확장된다.

나의 재정 신앙 점검

청년의 재정 관리는 단순한 돈의 기술이 아니라 믿음의 고백이다. 다음의 질문을 통해 나의 재정이 믿음 안에서 운용되고 있는지를 점검해 보라.

- 수입 중 가장 먼저 떼어 놓는 항목은 무엇인가?
- 지출 내역 중 하나님 나라를 위한 항목은 얼마나 되는가?
- 매달 예산을 기도하며 계획하는가, 감정대로 소비하는가?
- 현재의 자산으로 어떤 하나님의 사명을 감당하고 있는가?
- 돈이 없다며 내가 포기하고 있는 주의 부르심은 없는가?

한 청년은 이렇게 고백했다. "전셋집 월세가 올라 막막했지만 십일조는 놓지 않았습니다. 하나님이 내 삶의 주인이심을 재정으로도 고백하고 싶었거든요. 그러자 놀랍게도 필요한 만큼은 언제나 채워 주셨습니다." 그의 모습은 주변 이들에게 적잖은 감동을 주었다. 단지 신앙이 좋다는 한마디로 표현할 수 없는 재정 운용의 가장 견고한 원칙이자, 믿음의 증거가 그의 삶에 있었다.

어려운 시대를 살아가는 청년들에게 전하고 싶다. 돈이 없다고 포기하지 말라. 돈이 있다고 안심하지도 말라. 하나님은 우리가 돈이 아닌 믿음으로 살아가기를 원하신다. 그리고 그 믿음은 작지만 성실한 재정 습관에서 시작된다.

돈을 하나님의 도구로 사용하라. 돈을 예배의 통로로 흘려보내라. 돈에 끌려다니지 말고, 돈을 정의하며 사용하라. 그럴 때 비로소 우리는 자유로워지고, 그 자유 안에서 하나님의 나라를 준비하는 특별관리자로 성장하게 된다.

성경적 재정 운용은 현실을 부정하는 이상이 아니라, 그 어떤 펀드보다 안정적인 '하늘의 은행'에 투자하는 지혜이다. 적은 것으로도 충분한 삶, 하나님이 주인이 되시는 회계장부, 이 모든 것은 청년의 삶 속에서 지금 바로 시작될 수 있다.

🟡 교회 재정

오늘날 한국 교회는 외형적으로 풍요로워졌지만, 내면적으로는 재정의 위기를 경험하고 있다. 헌금 총액은 늘었으나 그 재정이 하나님의 뜻에 따라 사용되는가에 대한 질문은 점점 더 희미해지고 있다. 교회의 재정은 단순한 운용 자산이 아니라 하나님의 소유이며 사명을 위한 거룩한 자원이다. 그러나 교회의 부흥과 함께 재정은 종종 세속적 기준에 의해 관리되고 때로는 부정과 낭비, 신뢰의 붕괴를 초래하는 도구로 전락하기도 한다.

펀드매니저 시절 나는 수천억 원 규모의 자산을 관리하며 수익률을 위해 매 순간 숫자와 시간, 시장의 흐름에 민감하게 반응해야 했다. 그러나 교회의 재정은 전혀 다른 원리를 따른다. 교회 재정의 본질은 이익의 극대화가 아니라, 하나님 뜻의 실현에 있다. 따라서 교회는 재정을 수익의 도구가 아닌 사명의 통로로 사용해야 하며, 이를 통해 교회의 존재 이유를 드러내야 한다. 이러한 기본 개념을 이해한 후 여기서는 교회 재정의 성경적 원칙과 회복 전략, 모델과 그 사례에 대해서만 간략하게 짚어 본다.

교회 재정의 원칙

성경은 교회의 재정이 세 가지 방향으로 흘러가야 함을 분명히 가르친다. 이는 단순한 예산 항목이 아니라 교회의 정체성과 사명을 드러내는 근본 원리이다.

하나, 예배와 말씀 사역에 집중되어야 한다. 교회 재정의 첫 번째 목적은 예배와 말씀 사역이다. 하나님의 말씀을 가르치고, 성도들이 하나님께 예배드리는 사역이 흔들릴 때 교회의 정체성 역시 무너진다. 목회자와 사역자에 대한 합당한 사례, 교육과 양육을 위한 투자, 예배 환경을 위한 지출은 교회의 중심적 사명이 되어야 한다(고전 9:14). "그 땅의 십분의 일 곧 그 땅의 곡식이나 나무의 열매는 그 십분의 일은 여호와의 것이니 여호와의 성물이라"(레 27:30)

둘, 가난한 자와 이웃을 도와야 한다. 초대 교회는 공동체와 이웃의 필요를 채우기 위해 자신들의 소유를 기꺼이 나누었다. "재산과 소유를 팔아 각 사람의 필요를 따라 나눠 주며"(행 2:45) 교회의 재정은 곧 섬김의 자산이며, 이웃의 고통 속으로 복음이 흘러가게 하는 도구이다. 가난한 자를 돌보는 일은 선택이 아니라 사명이며, 교회의 재정은 반드시 이 방향으로 흘러야 한다.

셋, 선교와 복음 전파에 투자해야 한다. 교회의 재정은 궁극적으로 하나님 나라의 확장을 위해 사용되어야 한다. "너희는 가서 모든 민족을 제자로 삼아 아버지와 아들과 성령의 이름으로 세례를 베풀고"(마 28:19) 국내외 선교, 교회 개척, 복음 전도, 미디어 사역 등은 교회의 중심 지출 항목이어야 하며, 이는 단순한 비용이 아니라 영혼을 구원하기 위한 '영적 투자'이다.

성경적 교회 재정 회복

현대 교회의 재정 운영은 종종 세속적 기업 모델의 영향을 받는다. 자산을 늘리기 위한 수익 사업, 부동산 투자, 법인화된 재정 구조 등은 효율성을 추구하지만 그 과정에서 교회의 본질과 신앙적 정체성이 흐려질 위험을 안고 있다.

자산 운용의 관점에서 보면 이러한 흐름은 '리스크 과잉 상태'이다. 수익을 좇는 구조에서는 필연적으로 투명성과 도덕성이 손상되며, 이는 공동체 신뢰의 붕괴로 이어진다. 따라서 교회는 세속적 경영 논리가 아닌 신학적 자산 운용 전략을 회복해야 하며 이를 위해서는 세 가지 대안이 필요하다.

첫째로 선명한 재정 목적 선언(Mission-based budgeting)이다. 매년 세워지는 교회 예산은 '하나님 나라의 확장을 위해서'라는 명확한 목적 아래 모든 항목이 구성되어야 한다. 단순히 전년도 예산 대비 증가율에 따른 기계적 예산이 아니라, 교회의 사명과 비전을 반영하는 방향으로 편성해야 한다.

둘째로 분권화된 재정 집행 구조(Decentralized stewardship)이다. 목회자 중심의 단일 지출 구조는 문제가 발생하기 쉽다. 장로·안수집사·평신도 리더가 함께 참여하는 재정위원회 운영이 필요하다. 이는 재정 부정을 예방할 뿐 아니라 공동체 안에서 신앙적 청지기를 양성하는 교육 과정이 된다.

셋째로 공개와 신뢰의 문화(Transparency and trust)이다. 정기적인 재정 보고, 지출 사전 공개, 감사 제도의 활성화를 통해 성도들이 교회 재정이 하나님의 뜻대로 사용되고 있다는 확신을 가질 수 있도록 해야 한다. 재정의 투명성은 곧 교회의 영적 신뢰도이다.

선교 중심의 재정 분배 모델

성경적 교회 재정 운용은 특히 '선교 중심'의 구조를 지향해야 한다. 다음은 교회의 목적에 따라 재정을 건강하게 분배하는 하나의 모범적 예시이다. 이는 법적 규정이 아니라 하나님의 뜻을 중심으로 한 방향성 모델이다.

예배와 말씀 사역(35%)

목회자 사례, 예배 운영, 교육 콘텐츠 제작, 신학도 후원 등 말씀 중심 사역에 집중되는 재정

선교 및 전도(25%)

국내외 선교사 파송, 교회 개척, 지역 복음화 사역, 단기선교 후원, 전도 집회 등 교회의 외향적 사명을 구체화하는 재정

구제 및 이웃 섬김(20%)

지역의 어려운 가정, 다문화 가정, 장애인, 노인, 청소년, 미혼모, 난민 등을 위한 구체적인 지원 재정

시설 유지 및 관리(15%)

건물 임대 및 관리, 전기 가스 수도, 장비 유지, 차량 유지 등 필수적인 운영비 재정

비상 기금 및 장기 계획 준비금(5%)

교회 건축, 위기 상황 대응, 교육 인재 양성 등 장기 비전 실현을 위한 준비 재정

이와 같은 구조는 교회의 재정이 하나님 나라의 방향성을 따라 사용되도록 하는 신앙적 안전장치이며, 재정을 통해 복음이 흘러가는 건강한 교회의 모형을 제시한다.

경기도의 한 중형 교회는 매년 예산의 30% 이상을 선교와 구제에 사용한다. 이 교회는 전세 예배당에서 출발했으나, 현재는 300명 규모의 공동체로 성장하였다. 그럼에도 불구하고 하나님

나라를 위한 흘려보냄의 정신을 잃지 않았다.

담임목회자는 외부 강의 사례비나 집회 사례비를 받지 않고 교회 내에서 자족적인 삶을 산다. 교인들은 매주 자발적으로 헌금하고 기꺼이 섬긴다. 매주 예배 후에는 5분간 재정 상황을 요약 보고하고, 주보와 홈페이지를 통해 모든 내역을 공개한다. 심지어 이 교회는 냉난방비와 전기 요금을 절약해 1년간 모은 120만 원을 해외 건축 선교비로 전달했다. 담임목회자는 이렇게 고백했다.

"교회의 재정은 하나님의 돈입니다. 절약하고 절제하여 필요한 곳으로 흘려보내야 합니다. 교회는 은혜도 재정도 흐를 때 존재의 이유를 갖습니다."

이 교회는 거룩한 가난의 정신이 어떻게 교회의 체질 속에 녹아들 수 있는지를 보여 주는 귀한 본보기이다. 교회의 성장은 건물의 크기가 아니라, 재정이 흘러가는 방향에 달려 있음을 실증하고 있다.

교회의 재정은 단순한 회계 수치의 집합이 아니다. 그것은 곧 교회의 심장이며, 예배의 영광과 선교의 열정, 양육의 헌신이 흐르는 영적 혈관이다. 재정이 투명하고 하나님 중심으로 운용될 때 교회는 세속적 경영 논리나 탐욕의 유혹에 흔들리지 않는다. 오히려 그 재정의 흐름 자체가 복음의 메시지가 된다. 성경적 재정 원칙이 교회 재정의 중심에 세워질 때, 교회는 어떤 외풍에도 흔들리지 않는 믿음의 성소가 된다.

6.

공공선을 위한 재정 운용 디자인

돈의 문제는 단순히 돈이 부족해서만 발생하지 않는다. 실제로는 삶의 질서 붕괴에서 비롯되는 경우가 많다. 여기서 말하는 질서는 무엇을 먼저 할 것인가(우선순위), 그 우선순위를 어떻게 구조화할 것인가(구조), 그 구조를 매일 어떻게 반복할 것인가(습관)로 이어지는 세 단계를 의미한다.

이 세 단계는 가정의 가계부, 교회의 예산, 기업의 손익계산서에 이르기까지 같은 원리로 작동하며 재정의 건강한 운용을 가능하게 한다. 경영학적 용어로는 전략(왜 하는가) → 운영(어떻게 할 것인가) → 대시보드(무엇을 보고 점검할 것인가)의 정렬이며, 신앙적으로는 하나님의 뜻(전략) → 특별관리자의 실천(운영) → 말씀과 공동체를 통한 점검(대시보드)의 흐름이다.

그렇다면 이 세 단계는 어떻게 우리 생활에 구체적으로 실현될 수 있을까? 지금까지 배운 것들을 종합하여 특별관리자로 나아가는 과정을 간단히 정리해 본다.

● [과정 1] 진단, 있는 그대로 보기

가장 먼저 해야 할 일은 고치기가 아니라 살펴보기이다. 당장 어떤 문제 해결에 뛰어들기보다, 현재 돈의 사용과 마음의 방향을 사실 그대로 확인하는 것이 출발점이다. 경영학에서는 이를 FMEA(잠재 실패 모드, 영향 분석)라고 하며, 문제 발생 지점을 사전에 식별·분석하는 절차에 해당한다.

지출 분류: 지난 3개월의 지출 내역을 기록하고 꼭 필요한 지출(월세, 식비 등), 있으면 좋은 지출(외식, 취미 등), 충동적 지출(즉흥 구매)로 단순 분류한다. 방식은 자유로우나, 숨김없는 사실 기록이 핵심이다.

부채 목록화: 현재 있는 부채의 종류, 이자율, 상환 기한, 월 상환액을 정리하여 현금 유출의 구조를 파악한다.

신앙생활 점검: 말씀, 기도, 나눔에 실제로 투자한 시간을 기록한다. 돈의 흐름과 마음의 흐름은 연결되어 있기 때문이다.

● [과정 2] 질서, 생활 상한선과 우선순위

그다음은 생활의 한계를 정하는 것이다. 과정 1에서 살펴본 현실을 명확히 직시하고 내 상황에 맞는 상한선을 세운다.

생활 상한선: 생활 상한선(LSL, Life spending limit)은 한 달 생활비의 최대치를 선제적으로 정하는 규율이다. 자동차의 브레이크처럼 소비를 안전하게 제어하는 장치다. 예컨대 월 소득이 200만 원이라고 했을 때, LSL을 140만 원으로 정하면 잔여 60만 원은 나눔, 저축, 부채 상환으로 자동 배분된다. 이로써 소득 증가 시 지출이 비례 확대되는 생활비 팽창을 예방할 수 있다.

월초 선 배정: 한 달의 시작과 동시에 돈의 흐름 순서를 정해 배치한다. 우선순위가 선(先) 배정되면 중간의 욕구 변동에도 지출 구조가 흔들리지 않는다. 일반적 순서는 다음과 같다.

- 나눔: 헌금과 이웃 돕기
- 보호: 비상금 조성, 보험료 준비
- 성장: 독서, 강의, 말씀, 기도 훈련 등 자기 성장
- 생활: 주거, 식비, 교통비 등 필수 지출

이는 경영학적으로 자본 배분 규율(Capital allocation rule)에 해당하며, 신앙적으로는 "먼저 그의 나라와 그의 의를 구하라"(마 6:33)라는 말씀의 재정적 구현이다.

소득 증가 시 규칙: 보너스나 급여 인상 등 소득 증가 시에는 먼저 나눔, 저축, 부채 상환으로 배분한다. 또한 생활 수준 동결(6~12개월)을 통해 즉각적 생활비 상향을 지연함으로써 여유 자금(완충재)을 축적한다. 이는 위기 시 충격 흡수 장치로 작동한다.

● [과정 3] 실행, 새는 돈 막고 버팀목 세우기

이제는 실행의 단계다. 이때 놓치지 말아야 할 중요한 점은 두 가지, 곧 누수 차단과 위기 버팀목 구축이다. 구체적으로는 다음과 같은 예들을 들 수 있다.

구독 다이어트: 사용하지 않는 정기 구독을 해지하여 월 2~3만 원 이상을 절감한다.

구매 일시 정지: 충동구매 억제를 위해 10만 원 이상 지출은 1일, 50만 원 이상 지출은 1개월 이상 숙려 후 결정한다.

현금 흐름 우선: 할부보다는 선결제를 우선하고, 비상금은 3~6개월 생활비 규모로 별도 적립한다.

부채 상환: 소액부터 상환해서 동기와 관성을 확보하는 스노우볼과 고금리부터 상환해서 이자 비용을 최소화하는 에이벌란치를 상황에 따라 혼합 적용한다.

시간 확보: 가사 도움, 생활 서비스 등으로 시간을 확보하여 사명, 사람, 성장에 재배분한다. 이는 사치가 아닌 시간 투자다.

● [과정 4] 공동체, 같이 해야 오래간다

혼자서는 이 훈련의 지속이 어렵기에 관계적 장치가 필요하다. 가족이나 친구, 혹은 공동체 내에서 함께 이야기 나눌 모임을 구성한다.

영수증 모임: 가족이나 소그룹이 각자 영수증을 가져와 그 소

비가 나의 사명, 사람, 시간에 어떤 유익을 주었는지 한마디씩 나눈다. 비난이 아닌 투명성 훈련이 목적이다.

멘토 점검: 분기 1회(약 30분), 신뢰할 만한 멘토와 함께 재정 점검을 실시한다. 외부 시선은 규율 준수와 개선을 촉진한다.

🟡 [과정 5] 일터와 기업, 정직과 공공선의 확대

개인적인 변화뿐 아니라 내가 속한 일터와 직장에 투명하고 정직한 재정 문화가 깃들 수 있도록 노력한다.

정직한 저울: 공정 임금(정시·정액 지급), 표준 계약(투명한 조건 명시), 투명 회계(흐름 공개)로 거래 정의를 확립한다.

안전 환경 우선: 규정 → 교육 → 점검 → 보완의 폐회로로 안전과 환경을 상시 개선한다.

공공선 배당: 순이익의 일부를 장학, 복지, 환경 등 사회에 환원한다.

사람 투자: 직원과 협력사에 대한 대금 제때 지급, 교육·복지 지원 등 장기 신뢰 자본을 축적한다.

🟡 [과정 6] 지역사회, 내 지갑이 도시를 살린다

한 사람 한 사람의 소비가 모여 동네와 지역사회의 체질을 결정한다.

금융 문해 교육: 교회·지역 단체가 협력해 청년 부채 상담, 어르

신 노후 안전망 등을 마련한다.

공정 무역 소비: 생산자의 정당한 보상을 보장하는 소비로 글로벌 공공선에 기여한다.

동네 가게 이용: 지역 내 소득 순환을 촉진해 지역 경제의 내생적 성장을 돕는다.

위기 가정 지원: 사고, 질병 등 위기에 처한 가정의 회복을 도와 공동체 안전망을 구축한다.

● [과정 7] 훈련 루틴, 습관이 시스템이 될 때

변화는 하루아침에 이루어지지 않는다. 매일 훈련을 반복하며 습관을 쌓아 갈 때 변화는 가능하다. 하나님의 특별관리자로서 변화된 삶을 살아 내기 위하여, 내가 사역하는 WFM 연구소에서는 다음과 같은 훈련 루틴을 권장한다.

지출 전 90초 기도: "주님, 이 지출이 꼭 필요한가요?"를 묻고 멈춤과 분별을 습관화한다.

생활 상한선 선언문: 가족·공동체가 생활 상한선을 서면으로 공표하여 책임성을 높인다.

분기 리셋 데이: 3개월마다 불필요한 구독 정리, 예산 재편성, 목표 재설정으로 체계적 리부트를 수행한다.

기쁨 예산: 관계와 회복을 위한 소액의 기쁨 예산을 별도 편성한다. 절제는 무지출이 아니라 우선 사용의 문제다.

이렇듯 작은 습관이 축적되면, 개인의 의지에만 의존하지 않고 시스템이 사람을 지키는 단계에 이른다. 바로 특별관리자로서의 삶을 자연스레 누리게 되는 것이다.

지금까지 살펴본 일곱 단계 과정들은 의도를 행동과 결과로 연결하여 개선의 선순환을 만든다. 과소비를 억제하고, 낭비를 줄여 잔여 재원을 저축과 나눔으로 흐르게 한다. 직장과 일터에 신뢰 자본을 확충해 사회 전반의 거래 비용을 낮춘다. 이익의 사회 환원과 지역 내 소득 순환으로 공동체 회복탄력성을 강화한다. 그리하여 결국 개인의 삶의 질서를 바로 세우고, 가정과 교회를 든든하게 만들며, 사회의 공공선에 기여하는 재정 운영을 가능하게 한다.

바로 이러한 특별관리자의 삶으로 하나님은 우리를 부르고 계신다. 이제는 계획이 아니라 행동으로, 생각이 아니라 실천으로 응답할 때이다. 오늘부터 작은 숫자의 흐름을 바꾸면 곧 마음과 삶이 바뀔 것이다. 그 변화가 모여 가정과 교회가, 도시와 사회가 살아날 것이다. 지금 이 순간 우리의 가계부에서, 교회의 예산에서, 회사의 손익계산서에서 시작하자. 작은 변화가 큰 생명을 살려 낼 것이다.

> "우리는 필요한 만큼만 쓰고, 남는 것은 하나님 나라와 이웃을 위하여 흘러보내겠습니다. 정직과 정의로 돈을 벌고, 투명과 자비로 돈을 쓰겠습니다."

참고
문헌

Abraham Kuyper, Lectures on Calvinism, Eerdmans, 1931.

Bargh J. A., Chartrand T. L., The unbearable automaticity of being American Psychologist 54(7), 1999.

Bonhoeffer, The Cost of Discipleship, Touchstone, 1948.

Branden Nathaniel, The Psychology of Self-Esteem: A New Concept of Man's Psychological Nature, Nash Publishing Corporation, 1969.

Calvin, Institutes of the Christian Religion, 1536.

Carl R. Rogers, On Becoming a Person: A Therapist's View of Psychotherapy, Houghton Mifflin Harcourt, 1995.

Charles H. Cooley, Human Nature and the Social Order, Charles Scribner's Sons, 1902.

Damasio A., Descartes' Error: Emotion, Reason, and the Human Brain, Putnam, 1994.

Drucker, Management Tasks, Responsibilities, Practices, Harper & Row, 1973.

E. F. Schumacher, Small Is Beautiful: Economics as if People Mattered, Blond & Briggs, 1973.

Easterlin R. A., O'Connor K. J., The Easterlin Paradox, IZA, 2020.

Ellen J. Langer, The Illusion of Control, Journal of Personality and Social Psychology32(2), 1975.

Erich Fromm, Psychoanalysis and Religion, Yale University Press, 1950.

Erich Fromm, To Have or To Be?, Harper & Row, 1976.

Erikson, Identity and the Life Cycle, International Universities Press, 1959.

Frank J. Fabozzi, Harry M. Markowitz, The Theory and Practice of Investment Management, Wiley, 2012.

Francis Fukuyama, Trust: The Social Virtues and the Creation of Prosperity, Free Press, 1995.

Fred Hirsch, Social Limits to Growth, Harvard University Press, 1976.

Georg Simmel, The Philosophy of Money, Duncker & Humblot, 1900.

Gharad Bryan, Dean Karlan, Scott Nelson, Commitment Devices, Annual Review of Economics(2), 2010.

Gossen Hermann Heinrich, The Laws of Human Relations and the Rules of Human Action Derived Therefrom, MIT Press, 1983.

Herbert A. Simon, A Behavioral Model of Rational Choice, The Quarterly Journal of Economics 69(1), 1955.

J. Goldin, D. Reck, Revealed-Preference Analysis with Framing Effects, NBER Working Paper, 2018.

Jevons William Stanley, The Theory of Political Economy, Macmillan & Co., 1871.

John Howard Yoder, The Politics of Jesus 2nd ed, Eerdmans, 1994.

John R. W. Stott, The Message of the Sermon on the Mount, InterVarsity Press, 1978.

Johnson E. J., Goldstein D., Do Defaults Save Lives?, Science, 2003.

Lewis, The Weight of Glory and Other Addresses, The MacMillan Company, 1949. / Mere Christianity, Geoffrey Bles, 1952.

Lionel Robbins, An Essay on the Nature and Significance of Economic Science, Macmillan and Company, 1932.

Max Weber, The Protestant Ethic and the Spirit of Capitalism, J. C. B. Mohr, 1905.

Pigou A. C., The Economics of Welfare, Macmillan, 1920.

William F. Sharpe, Mutual Fund Performance, The Journal of Business 39(1), 1966.

Zak P. J., Kurzban R., Matzner W. T., Oxytocin is associated with human trustworthiness, Hormones and Behavior 48(5), 2005.

하규만, Maslow의 욕구단계이론의 한국적 적용에 대한 고찰, 한국사회와 행정연구 12(1), 2001.